# ポスト・ソーシャル時代の福祉実践

黒田　研二
狭間香代子
福田　公教
西川　知亨

共編

関西大学出版部

【本書は関西大学研究成果出版補助金規程による刊行】

# はじめに

## まえがき

黒田　研二

　狭間香代子先生と私（黒田）が関西大学を退職するにあたり、論集を刊行する企画がもちあがり、有志で原稿を持ち寄ることになった。編集の実質的な作業を西川知亨先生が担当しているが、この「はじめに」の一部を私も担当させてもらうことになり、9年間を過ごした関西大学人間健康学部について、これまでの経緯や今後の期待を述べておきたい。

　関西大学人間健康学部が創設されたのは 2010 年 4 月で、すでに 10 年が経過した。私が専任の教授として赴任したのは翌年 4 月であったが、学部創設時から、1 年次生が履修する科目の非常勤講師として就任し、本学部に入学したばかりの 1 期生とのお付き合いがすでに始まっていた。2014 年 4 月、学部の完成の後、大学院人間健康研究科が開設され、2016 年 4 月には博士課程後期課程も開設されて、学士、修士、博士の各課程を擁する部局へと発展してきた。

　人間健康学部は、教育と研究を通じて、ホームページにも記載しているように「人間の誕生から高齢までのライフステージを対象として、『こころ』『からだ』『くらし』を総合的な視点からとらえ、人間の幸福を実現するための健康に関わる諸問題の解決方法を探究する応用科学」を追究している。健康を総合的な視点からとらえるには、従来の学問領域にとらわれずに学際的な視点に立つことが必要となる。教員も、自分がこれまで専門としてきた学問領域を越境する気概をもって、関心の幅を広げることが求められている。新たな発想の研究は、実際、従来の学問の研究領域を押し広げ、別の領域と融合するところから生まれてくることが多い。人間健康学部の教員構成をみても、社会福祉学、社会学、スポーツ科学、ユーモア学、文化人類学、医学

など多彩であり、学際的な教育研究を推進する学問領域の開拓につながることができればと期待している。

　私自身も人間健康学部の教育課程では、福祉と健康コースが提供する社会福祉関連科目（高齢者福祉論、医療福祉論、精神保健福祉論等）以外に、スポーツと健康コースが提供する科目（運動処方論、予防医学等）も担当したことで、学問的視野が広がったと感じている。スポーツが得意で、スポーツ・フロンティア入試（スポーツ推薦入試）等で入学してきた何人かの学生は、人間健康学部で学ぶうちに社会福祉の領域に惹かれて、3年次になるときに私のゼミを選択してきた。複数の学問領域の融合したところで展開される本学部の教育研究が、新たな時代を切り開く人材を育てることにつながることも期待したい。

　現在、新型コロナウイルス感染症が世界的規模で猛威をふるっている。多くの人命を奪うとともに、公衆衛生、医療の領域のみならず、感染防止のための行動制限にともない、教育、産業活動、観光など生活のあらゆる領域で深刻な影響をもたらしている。企業の倒産、失業者の増加により生活困窮に陥る人々も増加している。コロナ禍を克服し、ポストコロナの社会を新たな発想で切り開いていくことも、現在われわれが直面している課題である。

　本書の出版が教員間の学問上の交流を深めていくことを期待したい。


# 「ポスト・ソーシャル時代」と本書の趣旨

西川　知亨

　本書では「ポスト・ソーシャル時代」という言葉を用いているが、その含意について少し記しておく。

　関西大学人間健康学部が開設された 2010 年ごろから、その時代を指して、「ソーシャル時代」と言われることが多くなった。ソーシャル時代とは、SNS などの発達による人と人とのネットワーキングを促進する状況を主に表している。そこから転じて、現在まで、ドキュメントメディア、マス

メディアとの関係でのネットメディアの発展という文脈、マーケティングでの文脈、あるいは、中小企業診断士、MR などさまざまな専門職業界での文脈、また、ソーシャル化が進むなかでの自己論の文脈など、さまざまな形で、ソーシャル時代という言葉が使用されるようになった（近森（2019）なども参照）。

　ソーシャル時代を肯定的にとらえる傾向は、人と人とのつながりの促進が、人の幸福につながるという楽観論に基づいている。しかしながら、社会福祉学や社会学をはじめ、人間健康学部で研究が進められている諸領域が明らかにしているように、人と人がつながることはよいことばかりとは言えない。

　実際に、2011 年ごろから、ソーシャル時代という言葉が使用され続けている状況と並行して、「ポスト・ソーシャル時代」という言葉も使われるようになった。さまざまなソーシャルビジネスの瓦解や「SNS 疲れ」現象、いわゆるリアルイベントの重視をはじめとした、ポスト・ソーシャル時代の到来を予期させる事象についても指摘されるようになった（鈴木 2015）。この意味では、「ソーシャル時代」と「ポスト・ソーシャル時代」は、「ソーシャル時代からポスト・ソーシャル時代へ移行する」と時系列的にとらえるよりも、社会の「ソーシャル化」がもたらす順機能と逆機能の両面を表すととらえたほうが妥当かもしれない。本書では、この「ポスト・ソーシャル時代」という言葉で、「ソーシャル時代」に軽視されがちな、地域福祉など草の根の福祉実践をはじめとして、ネットメディアによる「身体溶解」時代にこそ必要な「こころ・からだ・くらし」の人間健康学の意義について示すことができればと考えている。

　2019 年の夏ごろにこのようなことを考えていたところ、2020 年には予期せぬ出来事が起こった。言うまでもなく、新型コロナウイルス感染症（COVID-19）の拡大にともなうさまざまな影響である。人と人とが触れ合うことが称揚される社会が、それを抑制することが求められる社会に急変した。大学の遠隔授業の例だけでなく、これまでの社会のいろいろなやり方が通用しなくなり、それに対してある程度対応できる人・組織と、対応がかな

り困難な人・組織との格差が拡大し続けている。まさに社会は「アノミー」状況を呈している。いわゆるコロナ禍に対する考え方や感じ方、立場は多様であり、合意形成が困難な状況にある。社会や「ソーシャルなもの」、つまりさまざまな人と人とのつながりに関する既存の考え方や方法が通用しなくなるなかで、混乱の要因を探し出して排除するような雰囲気も生まれている。「ポスト・ソーシャル時代」は、予期せぬ方向でその特徴を深化させており、そのコントロールのためには、既存の福祉の方法を修正して使える部分と、ほとんど使えない部分も出てきている（西川（2018）なども参照）。

　このような状況のもとで、本書は、社会福祉の「社会」にかかわる「ソーシャル」をあらためて問いなおすものになっている。社会学黎明期のデュルケムの「社会的事実」の議論以来、個人と社会の連携に関して、社会学は、社会学的想像力の関わる理論的パースペクティブと、それらを帰納的または演繹的に裏付ける社会調査を武器にして研究が展開されてきた。社会福祉学は、社会参加について、実践的な理論をもとにして、実際に個人と社会をつなぐ実践とその方法について模索してきた。また、本書における民俗学・文化人類学的視点は、ポスト・ソーシャル時代におけるプレモダンの生活実践の応用可能性を示している。

　社会福祉領域は現場での実践を重視するために、ややもすると社会諸科学に比べて一元的価値に埋没してしまう危険性が指摘されているが、本書は、フォーマルとインフォーマル社会資源の可能性など、福祉方法論の二分法に目配りする狭間香代子名誉教授の方法論、また社会福祉学のみならず医学や公衆衛生学に依拠する黒田研二名誉教授の方法論に代表されるように、多様な視点を取り込んで福祉実践に活かす可能性が内包されている。社会福祉を「ソーシャル」という同時代的・学際的な視点でとらえなおす挑戦的で意欲的な試みである本書を、さまざまな社会と福祉の現場で参照・活用していただければ幸いである。

　本の各章の内容に少し言及する。

　第Ⅰ部は、既世代から現世代、そして次世代へとつなぐ対象であるこころ・からだ・くらしの人間健康学と文化的福祉実践を考察している。「ここ

ろの病とリカバリー——回復を阻害するものの克服」（黒田）論文では、こ
ころの病からのリカバリーに関して重要な知見が示される。すなわち、リカ
バリーとは単に元の状態に回復するということではない。同論文によれば、
病を経た後に、人生の新しい意味や目標を見出し、希望をもって充実した生
活を送れるようになる営みや過程を意味している。リカバリーは心の病をも
つ人だけでなく、苦悩する人すべてにとって、その実現が望まれる体験であ
るということである。「認知症予防の現状と今後の展望」（弘原海）論文で
は、とくに人間健康学部の「こころ・からだ・くらし」や、スポーツと福祉
の領域横断という意味において、興味深い知見が示されている。すなわち、
認知症予防の中でも、非薬物療法として有効とされている運動療法に着目
し、現状の紹介と、今後の展望について著者の研究結果を交えた考察がなさ
れている。「福祉の視点からレクリエーションを考える」（涌井）論文もま
た、人間健康学部の「こころ・からだ・くらし」や、スポーツと福祉の領域
横断に関する研究成果のひとつである。高齢化社会から高齢社会、そして超
高齢社会へと展開してきたわが国の現状における「レクリエーション」の
意義について示されている。「後期近代における『死にゆく過程』とスピリ
チュアルケアのあり方」（村川）論文においては、後期近代とも呼ばれる現
代の医療化（medicalization）の過程のなかで、マインドフルネスに基づく
プログラムを活用した終末期ケアの意義について示されている。「科学的実
践」を学際的にとらえる人間健康学部の研究の特徴が表れた研究成果となっ
ている。このように、第Ⅰ部では、既世代から現世代、そして次世代へとつ
なぐ対象としてのこころ・からだ・くらしの人間健康学と文化的福祉実践に
ついて考察している。

　第Ⅱ部では、人間健康学を反映・継承した福祉制度設計へ向けて、次世代
の子どもたちを育てるための福祉実践の可能性を探っている。「新しい社会
的養育ビジョンの背景とその実現のための課題——代替養育のあり方を中心
に」（山縣）論文では、児童福祉の専門家で、厚生労働省の専門委員会の委
員長も務めてきた著者の経験を生かしながら、「新しい社会的養育ビジョン」
の背景と実現に向けた課題や代替養育の方法について、重要な知見が提示さ

れている。「子育ての文化間比較——アロマザリングを手がかりにして」(森)論文では、文化人類学の観点から、現代の「イクメン」の表象が暗黙の前提とする夫婦2人（のみ）での育児は、比較文化的に広く見渡せば普遍的な子育てとは言い難いという重要な指摘をしている。さらに、母親以外の個体からの世話行動である「アロマザリング」や、父親、祖父母、年上のきょうだい、親戚などの血縁者以外にも、血縁関係のないコミュニティのメンバーも含まれ、それぞれ多様な方法と頻度で行う「アロケア」の意義について論じている。このように、第II部では、社会福祉学や文化人類学の観点から、人間健康学を反映・継承した福祉制度設計へ向けて、次世代の子どもたちを育てるための福祉実践の可能性を探っている。

　第III部では、次世代の職業的／日常的「専門家」を育てるために、社会福祉における「ソーシャル」の意味について問いなおすものとなっている。「人間健康学としての社会生態学とソーシャルワーク教育」(西川)論文では、ソーシャルワーク教育における総合的社会認識の意義を浮かび上がらせるためのパースペクティブを提供することを目的としている。ともすれば、現状や問題を乗り越えるための批判的視点や社会的背景の考察が欠けていると指摘されがちなソーシャルワーク教育において、プラグマティズムの伝統を引き継ぐシカゴ学派社会学・社会生態学を補助線にして、その持続可能性を追究する方法論を検討することを目指している。「『制度のあいだ』と伴走型支援」(狭間)論文では、「制度の狭間」問題を、哲学におけるロゴス論理から把握し、制度が本来的にもつ限界について論じる。さらに、それを解消するための伴走型支援をレンマ的論理から読み解き、その意義について考察している。第III部では、福祉における二分法的思考が、実践の足枷となる可能性について明らかにしたうえで、「ソーシャル」の意義と限界について検討し、ポスト・ソーシャル時代の福祉実践の方向性を探るものとなっていると言える。

　第I部において明らかになるように、人間健康学は、「こころ・からだ・くらし」の学として、福祉に関する横断的な視点を提供してくれる。さらに、そのような横断的な視点は、第II部で浮かび上がるように次世代の子ど

もを育てる視点や、第Ⅲ部で明らかになるように、次世代の職業的／日常的
「専門家」を育てるような縦断的な視点を示してくれる。横断的かつ縦断的
な視点をもつ福祉実践は、人と人とが容易につながることが困難なポスト・
ソーシャル時代において、その有効性が試されることになる。言い換えれ
ば、現世代から次世代へと継承・展開していくポスト・ソーシャル時代の福
祉実践の可能性について期待している。

**参考文献**

近森高明, 2019, 「コメント——ソーシャル時代の芸術作品」(特集 アートと社会／地域
　の現在——瀬戸内から考える)『フォーラム現代社会学』18, 149-54.

西川知亨, 2018, 「貧困対抗活動の生態系と社会的レジリエンス」北野雄士編『変化を生
　きながら変化を創る——新しい社会変動論への試み』法律文化社, 112-25.

鈴木謙介, 2015, 「ポスト・ソーシャル時代のリアルイベントの意味」(特集 リアルマー
　ケティング) 読売新聞広告局ポータルサイト.
　https://adv.yomiuri.co.jp/ojo_archive/tokusyu/201506/201506toku3.html (2019 年 6
　月 23 日取得).

# 目　次

## 第Ⅰ部　こころ・からだ・くらしの人間健康学と
## 文化的福祉実践

### 第1章　こころの病とリカバリー
——回復を阻害するものの克服—— …………… 黒田　研二

### 第2章　認知症予防の現状と今後の展望 ……………… 弘原海　剛

## 第Ⅱ部　次世代の子どもたちを育てる
──人間健康学を反映・継承した福祉制度設計へ──

## 第5章　新しい社会的養育ビジョンの背景とその実現のための課題
──代替養育のあり方を中心に── ………… 山縣　文治

**おわりに**

# 第Ⅰ部
# こころ・からだ・くらしの人間健康学
# と文化的福祉実践

# 第1章　こころの病とリカバリー
## ——回復を阻害するものの克服——

黒田　研二

## 第1節　はじめに

　2020年1月15日、関西大学の堺キャンパスで行った最終講義の題目を「精神疾患とリカバリー」とした。私は2011年に関西大学に就任し、9年間、教育・研究活動に従事したが、その間だけでなく、医学部を卒業してから40年あまり、精神科医、公衆衛生研究者、社会福祉の教育研究者として歩む過程で、心の病をもつ人々との関わりは一貫したテーマのひとつだった。最終講義を通じて伝えたかったことは、リカバリーとは単に元の状態に回復するということではなく、病を経た後に、人生の新しい意味や目標を見出し、希望をもって充実した生活を送れるようになる営みや過程を意味しており、リカバリーは心の病をもつ人だけでなく、苦悩する人すべてにとって、その実現が望まれる体験であるということである。

　最終講義の内容を載録するにあたってタイトルを「こころの病とリカバリー」と変えた<sup>注)</sup>。「こころの病」と「精神疾患」の違いについては、第2節の「こころの病をめぐるさまざまな用語の定義」で論じている。第3節「リカバリーを実現するために重要なこと」に続き、第4節「リカバリーを阻害するものとその克服」、第5節「求められる施設コンフリクトの解決」と、現代社会が孕む課題の解決の必要性を論じている。

## 第2節　こころの病をめぐるさまざまな用語の定義

　こころの病、精神疾患、精神障害といった類似の用語がある。それぞれの用語にはそれぞれの背景があり、微妙にニュアンスが異なっている。まずこれらの用語を定義づけるための議論から始めよう。

　英語圏では、病（illness）と疾患（disease）を区別して使用している。ハーバード大学の精神医学者・医療人類学者のクラインマン（Kleinman, A.）は、病（illness）は、病者やその周囲の人々が、症状や能力低下をどのように認識しそれらに対応するか、病者自らが症状や患うことをいかに体験しているかを示す概念で、一方、疾患（disease）は、治療者の視点からみたもので、生物学的な構造や機能における変化として記述されるもの、と区別している[1]。病が主観的な体験であり、そこにはさまざまな意味づけがなされるのに対して、疾患は生物医学的に記述される状態だといえる。客観的に確認できるものが疾患で、主観的にとらえられたものが病だともいえる。本論では、患者の立場から述べるときに「こころの病」、医療職の立場から述べるときに「精神疾患」という用語を使うことにする。もっとも、精神医学では、後で考察するように、疾患を disease ではなく disorder という用語を使用して表現している。disorder は、疾患と訳されたり障害と訳されたりする。WHO が策定した国際的な疾病分類基準である ICD-10 の第 5 章、mental and behavioral disorders の訳は「精神および行動の障害」である。disorder は、正常な状態（order）からの偏倚を示すもので、疾患に近い概念であるが、日本語の「障害」では disorder と disability とを区別することができない。障害という概念の吟味も必要となってくる。

## 1.「障害」という用語の多義性

　日本語で「障害」という語で表現されている概念は、英語では多様な言葉で表現されている。いいかえると、日本語は「障害」にかかわる現象を表現する語彙に乏しく、「障害」という語に多様な意味を付与して使用している。1981 年に世界保健機関が策定した ICIDH（International Classification of Impairments, Disabilities and Handicaps; 国際障害分類）では、障害を 3 つの次元に区分した[2]。すなわち、impairment、disability、handicapであり、それぞれ機能・形態障害、能力障害、社会的不利と訳された。impairment は生物学的次元で捉えられる障害、disability は個人レベルで捉えられる障害、handicap は社会的次元で生じる不利益に着目した概念であ

る。

　2001 年 の 世 界 保 健 機 関 の 総 会 で、ICIDH は ICF（International Classification of Functioning, Disability and Health; 国際生活機能分類[3]）へと改訂された。ICF では、それまでの障害の３つの次元に対応する概念は、それぞれ impairment（機能障害・構造障害）、activity limitation（活動制限）、participation restriction（参加制約）とよばれることになった。また、body functions & structures（心身機能・身体構造）、activity（活動）、participation（参加）のすべてを含む包括的な用語として functioning（生活機能）が使用されることになり、impairment、activity limitation、participation restriction のすべてを含む包括的な用語として disability が使用されることになった。この経緯からわかるように、ICF で用いる disability は、ICIDH で用いられていた disability よりも広い意味合いの概念となっている。

　一方、イギリス障害学では impairment を「医学的に分類された身体の状態」、disability を「認定されたインペアメントをもつ人が経験する社会的不利益」と定義して用いており、impairment を disability に含めるのではなく、異なる概念として用いている。このように英語圏でも、「障害」にかかわる用語がさまざまな意味合いで用いられており、時代や論者によって異なった定義のもとで使用されていることがわかる。

## 2.　法律における「障害」「障害者」の定義

　日本の法律において「障害」あるいは「障害者」はどのように定義されているのであろうか。精神保健福祉法第5条では、「この法律で『精神障害者』とは、統合失調症、精神作用物質による急性中毒又はその依存症、知的障害、精神病質その他の精神疾患を有する者をいう」と述べ、精神障害を disorder として捉えていることがわかる。一方、発達障害者支援法第2条では、「この法律において『発達障害』とは、自閉症、アスペルガー症候群その他の広汎性発達障害、学習障害、注意欠陥多動性障害その他これに類する脳機能の障害であって、その症状が通常低年齢において発現するものとし

て政令で定めるものをいう」としており、ここでも障害を disorder ないし impairment としてとらえている。ただし第2項で「この法律において『発達障害者』とは、発達障害がある者であって発達障害および社会的障壁により日常生活または社会生活に制限を受けるものをいい、『発達障害児』とは、発達障害者のうち十八歳未満のものをいう」と述べ、発達障害者を「生活に制限を受けるもの」、すなわち disability がある者としてとらえている。

　障害者基本法第2条における障害者の定義には、「身体障害、知的障害、精神障害（発達障害を含む）その他の心身の機能の障害（以下「障害」と総称する）がある者であって、障害および社会的障壁により継続的に日常生活または社会生活に相当な制限を受ける状態にあるものをいう」と書かれている。ここでは「障害」を impairment としてとらえ、「障害者」は「生活に制限を受ける状態にあるもの」としており、ICF で定義される disability のある者としてとらえていることがわかる。なお、「障害」とともに disability を生み出す原因となる「社会的障壁」は、第2項で「障害がある者にとつて日常生活または社会生活を営む上で障壁となるような社会における事物、制度、慣行、観念その他一切のものをいう」と定義されている。「障害」がある個人に帰属するのではない「社会的障壁」によっても disability が生み出されうるという考え方を、障害者基本法が採用していることがわかる。

## 3. Disability の社会モデルと医学モデル

　社会的障壁によって生活機能の制限や制約がもたらされるという考え方は、障害の社会モデルと呼ばれる[3]。社会モデルは、障害をおもに社会によってつくられた問題であり、基本的に障害のある人の社会への完全な統合の問題とみなし、障害は個人に帰属するのではなく、多くが社会環境によってつくり出されたものだと考える。一方、障害の医学モデルは、障害という現象を個人の問題としてとらえ、病気・外傷などから直接的に生じるものであり、その克服には専門職による個別的な治療というかたちでの医療を必要とすると考える。医学モデルが医療者側の視点に立つのに対して、社会モデルはインペアメント（impairment）をもつ当事者側の視点に立ったもの

だといえる。障害者基本法や発達障障害者支援法では、生活機能の制限を生
じさせる社会の側の要因を「社会的障壁」とよび、そこに「社会における事
物、制度、慣行、観念その他一切のもの」を含めており、障害の社会モデル
を一部取り入れているといえる。

## 4. DSM および ICD による精神疾患の診断

　医療者側は精神疾患（mental disorders）をどのように定義し、診断や
治療をおこなっているのだろうか。精神疾患の診断基準として、現在、一
般に使用されているものに DSM と ICD がある。DSM（Diagnostic and
Statistical Manual of Mental Disorders）は、米国精神医学会が策定し
ている「精神疾患の診断・統計マニュアル」であり、2013 年から第 5 版
（DSM-5[4]）が使用されている。多くの精神疾患は、血液検査、画像検査な
どの医学検査で疾患特有の変化を見出すことはできず、精神面や行動面での
症候（変調）に基づいて診断が行われる。精神疾患の診断基準は、それぞれ
の精神疾患に特有なさまざまな精神・行動面の症候を列挙し、それにいくつ
以上当てはまれば、その精神疾患と診断する、というような基準からなっ
ており、「操作的診断基準」と呼ばれている。どのような症候があればどの
ように診断するかという取り決めをマニュアル化したものである。操作的
診断基準では、「疾患」の原因を問うことは重視せず、診断の信頼性を高め
る（同じ状態であれば同じ診断がつけられる）ことを重視している。精神疾
患の多くは生物学的な原因は明らかでないので、身体医学的な病理に基づく
診断ではなく、操作的診断基準によって診断の客観性を保とうとしている
といえる。disorder の訳だが、「疾患」「障害」の他に最近では「症」という
訳語をあてることも多くなってきた。Panic disorder は「パニック障害」と
訳されてきたが、「障害」という用語には負の意味付けがなされているため
DSM-5 の和訳では「パニック症」としている。Anxiety disorders は「不安
症群」という具合である。

　精神疾患の診断基準として、DSM と並んで WHO（世界保健機関）が
策定している国際疾病分類（ICD: International statistical classification of

diseases and related health problems）もよく使用されている。現在、国際疾病分類は第 11 版（ICD-11[5]）への改定作業が進んでおり、2022 年に発効する予定である。日本では ICD に準拠して「疾病、傷害および死因の統計分類」（統計法に基づく統計基準）を使用しているので、ICD-11 の和訳の改定作業も進められている。ICD-11 では精神疾患以外の領域では disease という用語が使用されているが、精神疾患を分類する第 6 章は、"Mental, behavioural or neurodevelopmental disorders" というタイトルである。ここでも和訳案では neurodevelopmental disorders を「神経発達症群」とするなど、DSM-5 の和訳と整合性を保ち、個々の精神疾患の呼称に負の意味付けがなされないように配慮しようとしている。

　かつて、日本の精神医学界では統合失調症を精神分裂病と呼んでいたが、この呼称にはスティグマがまとわりついていて、それが社会的排除の対象となりやすいことが問題とされ、2002 年の日本精神神経学会総会で呼称を変更することが決定された。患者の人権を守るためには、さまざまな精神疾患にどのような名称を付与するかということにも配慮が必要となっている。


## 第 3 節　リカバリーを実現するために重要なこと

　こころの病にともなう disability を克服する営みやその過程を、精神保健領域ではリカバリー（recovery）と呼んでいる。米国ボストン大学精神科リハビリテーションセンターのアンソニー（Anthony, W.A.）はリカバリーを「態度、価値、感情、ゴール、スキル、そして役割を変える個々の特性あるプロセス。病気による制限がありながらも、満足で、希望にあふれた生活や充実した人生を送る方法。また、精神疾患の深刻な影響のなかで、人生の新しい意味や目的を見いだすこと。精神疾患からのリカバリーは、単に疾患自体からの回復以上のものである[6]」と定義している。

### 1.「臨床的リカバリー」と「パーソナル・リカバリー」

　欧米における 1960 年代以降の脱施設化や当事者運動の中で、関連する考

え方が徐々に発展し、1980・90年代から主に英語圏で具体的にリカバリーという言葉で言及され始めた。21世紀になってから欧米を中心に徐々に国際的な広まりをみせ、2010年代以降、リカバリームーブメントとして精神保健領域の世界的な潮流となっている[7]。disabilityのとらえ方に、医療者側からの視点と、当事者側からの視点があるように、リカバリーをどう定義するかにも2つの見方がある。症状の減退や機能的な回復をさす「臨床的リカバリー（clinical recovery）」は医療者側からの視点であり、満足度の高い生活や希望の実現などを包含する「パーソナル・リカバリー（personal recovery）」、とくに主観的リカバリーは、当事者側からの視点といえる（**図1**）。

　こころの病にかかわるwell-beingを高めるには、臨床的リカバリーとパーソナル・リカバリーのどちらも必要なものだが、当事者主体の視点を重視し、当事者自身の自己実現をめざすときに、より重要となるのはパーソナ

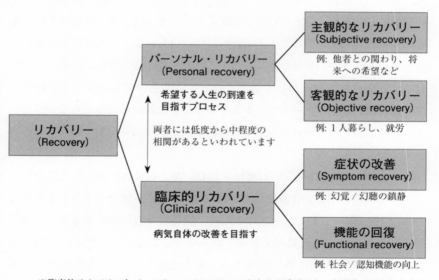

※臨床的リカバリーとパーソナル・リカバリーのどちらが重要かという議論ではありません

**図1　「パーソナル・リカバリー」と「臨床的リカバリー」の枠組み**

(Slade et al 2008; 山口ら 2016; Van Eck et al 2017)
出典: 国立精神・神経医療研究センター精神保健研究所ホームページ
　　　https://www.ncnp.go.jp/nimh/chiiki/fukki/about/recovery.html

ル・リカバリーである。パーソナル・リカバリーは、①他者とのかかわり、②将来への希望、③肯定的アイデンティティ、④人生・生活の意義の自覚、⑤エンパワメントとストレングスといった構成要素からなることが示されている[8]。しかし、考えてみればこうした要素やリカバリー概念の有効性は、こころの病の克服といった領域に限定されたものではないように思える。慢性疾患をもちながらも人生を豊かなものにしようと努力するときに、当事者と支援者の双方にとって重要となる考え方だといえるであろう。

## 2.「病の体験」と「疾患」の乖離、それを埋めるのは対話

　当事者が、こころの病にともなう症状をどう認識し、それらにどう対応するかという病の体験は、医療職（医師）の認識（疾患の診断や治療法の選択）とは多くの場合乖離している。認識のずれがある。精神医学はそれを乗りこえるのではなく、鈍感にも「病識の欠如」といった用語を使用し、抑圧的に対応してきた。リカバリーを実現する、つまり当事者がこころの病とそれに伴う生活の制約を乗りこえるためには、自らの認識と医療職の認識の乖離を埋めることが必要となってくる。それは何もこころの病に特有のことではなく、すべての病において必要となってくるものでもある。その乖離を埋めるのは、インフォームド・コンセントを含む対話にほかならない。ここで、対話の重要性を100年以上前に出版されたクリフォード・ビーアスの本から考察してみよう。

　クリフォード・ビーアス（1876〜1943）が、精神病になって入院をし、そこから回復してその体験を『わが魂にあうまで[9]』という本として出版したのは1908年のことであった。その後、彼は精神病院の改革運動に一生を捧げ、米国精神衛生運動の父と称されるようになる。ビーアスは、1900年（24歳ごろ）から1903年（27歳ごろ）まで前後4回、計3年間におよぶ期間、精神病院に入院した。初めは抑うつ状態から自殺を試みて入院するが、すぐに被害妄想と幻聴など精神病状態に陥り、妄想と幻覚は2年間継続した。そこから脱すると、今度は発揚した躁状態となり、その間に、残虐で悲惨な病院での対応に遭遇する。その後、精神病状態から回復し、自分の精神

病および病院での体験を本に書いて出版した。

　幻覚妄想状態のビーアスが妄想から脱するのは、入院仲間との対話がきっかけだった。「自殺を図ったため自分は罰せられる」「周囲にいる人は偽装しているが皆、警察だ」「面会にくる兄や家族と称する人もみな替え玉だ」。家族や友人が訪ねてきても変装した偽者、陰謀に加担している人々だと信じ込んでいた。こうした妄想や幻聴の体験は2年あまり継続していた。ビーアスが、親しくなった病院の入院患者の仲間に自分の考えを伝えると、「それは妄想だ」と指摘される。外出を止められていたビーアスは、外出ができるその友人に頼んで、本当に家族が家の住所に住んでいるかを、役所の住民名簿をもとに調べてもらう。家族の名前が載っていたとの報告を受けて、妄想は弱まっていく。次に兄に手紙を書き、この手紙を受け取ったら面会時にこの手紙をもってくるように、と頼む。面会に訪れた兄がその手紙をもっていることで妄想が晴れる。ところが、振り子が反対方向に大きく揺れ、ビーアスは発揚状態、躁状態へと変化。拘束衣を着せられ、鉄格子のある小さな部屋（保護室）に監禁される。さらには州立精神病院へと転院させられ、狂躁病棟に入れられた。ビーアス自身、看護師や医師に抵抗するさまざまな激しい言動をとるが、看護師、医師の対応も過酷なものだった。また、さまざまな入院患者に対する虐待事件を彼は見聞する。かれはこうした自分の体験を詳細なメモにしていた。狂躁病棟から一般病棟に移ることができると、州知事宛に病院の中での出来事に抗議をする手紙を書いた。その後も、自分の体験を手記に書き留めていく。

　1903年9月に病院を退院した後は、精神病院の処遇改善の運動に身を挺したいと考えるようになり、1908年に本を出版する。ビーアスの書いた本は版を重ねており、多くの人々に感銘を与え、アメリカの精神医療改革の原動力となった。ビーアスの精神衛生運動は、当時、米国精神医学界で強い影響力をもっていたアドルフ・マイヤーや心理学会の重鎮であるウィリアム・ジェームズの全面的支持を得て展開された。

　向精神薬が開発されていなかった1900年代の初めに、ビーアスが幻覚妄想状態から抜け出すのに、病気仲間との対話やその友人を信頼して自分の

信念が妄想かどうかを試してみる、といった行動が役に立った。発揚状態になったあとのビーアスの言動をみると、看護師や医師の対応への反発が、医療者側との関係をこじらせる。病院で生じる虐待を明るみに出したいといったビーアス自身の考えが、彼をさらに行動に駆り立てている。そうした彼の行動は、治療者側との相互関係の中から生じている。病からの回復には、兄を始めとする家族など支えてくれる人の存在が大きく寄与した。ビーアスは、自分の病の体験をネガティブなものに留まらせず、社会に対して大きな影響力をもつ持つ語りへと昇華させた。

## 第4節　リカバリーを阻害するものとその克服

　リカバリーを実現するには、回復を阻害している「社会的障壁」とは何か、という問題を考えることが必要である。リカバリーの社会的障壁として3点をあげ、その克服の方法を考える。第1は、精神保健領域の医療者・支援者と当事者との関係性、とくにパターナリズムに基づく抑圧的関係性である。第2はこころの病にまつわる偏見、差別、スティグマであり、第3に、こころの病のある人が生活する閉鎖的環境の問題をあげることができる。

### 1. パターナリズム

　日本の医療とくに精神医療では医療者と患者の関係はパターナリズムに支配される部分が大きい。パターナリズムは、家父長主義、温情主義などと訳されるが、これは、父親が子どもに対してとる態度をモデルとした人間関係や社会関係を表現する概念で、家父長が家族員の保護をはかるような関係、権威的・権力的にふるまう側面と自分を守れない弱者に対して温情的な保護を図る側面を含んでいる。

　医療において、診療、治療は専門的知識と技術をもった医療者側が決定し実行するのが当然と考えるのはパターナリズム優位の態度である。精神保健福祉法では、精神障害者が入院治療を受ける際に、患者の意思にかかわりなく、精神保健指定医の診断を条件として、病院管理者の判断や都道府県知事

の措置として強制的に患者を入院させることができる制度を規定しているが、パターナリズムを医療制度に組み込んでいるともいえる。

　パターナリズムに基づく精神医療では、患者は受け身になり、自らの意思で治療を選択することはできず、医療職との間で信頼関係を築くことも困難になりやすい。パターナリズムを克服するために重要なことは、パートナーシップであり、インフォームド・コンセントを追求することである。患者に敬意を示し、その意思を尊重し、対話を重視することである。

## 2. 偏見・差別、スティグマ

　スティグマとは、古代、奴隷や罪人に押した烙印を意味していたが、転じて個人や集団の評判を傷つけ価値をおとしめるもの、恥辱や汚名、非難すべきとみなされる徴（しるし）といった意味で用いられるようになった。精神疾患があることがスティグマとなっているという場合、その病名を付けられた人を、人々がコミュニティから排除すべき存在とみなす、あるいは自分たちとは異なる特殊な人と白眼視する、そのような働きをその病名が有しているということを意味している。スティグマの存在は、特定の人をコミュニティから排除するような認識や行動（偏見や差別）に人々を駆り立てる。スティグマは人々に排他的な態度をとらせるだけでなく、スティグマ化された事象をもつ当事者（精神障害者やその家族）に対しても、直接的に否定的な影響をおよぼす。自信を失わせ、自らの存在価値を見失わせる。自分たちが置かれた困難な状況に立ち向かう力を奪ってしまう。こうした現象はセルフスティグマと呼ばれている。

　表1は、筆者が2000年に大阪市のある区で、保健センターが委嘱をしている保健栄養推進協議会会員（住民グループ）を対象に、精神障害へのイメージを調べるためにおこなったアンケートの結果の一部である[10]。住民グループは、50歳〜70歳代の女性が大部分を占め、100名から回答を得た。比較のために、保健や福祉を学ぶ学生（学生グループ）に同様の調査を行った。「精神障害の中でも最も頻度が多い精神分裂病を想定して書かれた次の文について、あなたのお気持ちや考えを答えてください」という質問の

**表1　地域住民と学生グループの精神障害に対する態度に関する調査**

| 質　　問 | 選択肢 | 住民グループ (n=100) | 住民グループ 精神障害者を 個人的に | | 学生グループ (n=199) |
|---|---|---|---|---|---|
| | | | 知っている (n=36) | 知らない (n=62) | |
| 1.　精神障害をもつ人は気の どくで可哀想である | そう思う | 71.7% | 61.1% | 77.0% | 28.6% |
| | 思わない | 15.2% | 22.2% | 11.5% | 32.7% |
| | わからない | 13.1% | 16.7% | 11.5% | 38.7% |
| 2.　精神障害者はほうってお くと何をするかわからな いのでおそろしい | そう思う | 51.0% | 41.7% | 58.3% | 23.1% |
| | 思わない | 28.6% | 44.4% | 20.0% | 44.2% |
| | わからない | 20.4% | 13.9% | 21.7% | 32.7% |
| 3.　精神障害者の行動は、 まったく理解できないも のである | そう思う | 32.3% | 19.4% | 41.0% | 8.6% |
| | 思わない | 37.4% | 58.3% | 24.6% | 66.7% |
| | わからない | 30.3% | 22.2% | 34.4% | 32.7% |
| 4.　精神障害者には服薬や心 身のバランスなどの自己 管理をすることをほとん ど望めない | そう思う | 29.3% | 22.2% | 34.4% | 9.6% |
| | 思わない | 48.5% | 58.3% | 41.0% | 69.0% |
| | わからない | 22.2% | 19.4% | 24.6% | 21.3% |
| 5.　精神病院が必要なのは、 精神障害者の多くが乱暴 したり、興奮して、傷害 事件を起こすからである | そう思う | 37.0% | 27.8% | 41.9% | 8.5% |
| | 思わない | 44.0% | 58.3% | 37.1% | 79.4% |
| | わからない | 19.0% | 13.9% | 21.0% | 12.1% |

もと、一定の文章を示し、「そう思う」「そう思わない」「わからない」のい
ずれかを選択してもらった。表に示す結果から次のようなことがわかる。①
住民グループでは精神障害に対して否定的イメージをもつ人が多い（「精神
障害をもつ人は気の毒でかわいそう」72％）。不安や恐怖感をもつ人が多い
（「何をするかわからないので恐ろしい」51％、「理解できない」32％など）。
②一方、学生グループは、精神障害に対して否定的イメージや不安・恐怖感
を抱く人は圧倒的に少ない。③住民グループでも、精神障害者を個人的に
知っている人では、知らない人に比べて、否定的イメージや不安・恐怖感を
もつ人は少ない。

　調査を行った 2000 年当時、統合失調症はまだ精神分裂病と呼ばれていた。2002 年の日本精神神経学会総会で統合失調症という病名に変更することを決議したが、偏見や誤解が付着した呼び方を変えると同時に、そうした障害のある人々への社会の否定的見方そのものを変えていくことが求められている。

　なぜ、住民グループでは学生グループに比べて精神障害に偏見をもつ人が多かったのであろうか。学生の大半は保健や福祉を学ぶ若者だったため、もともと精神障害への偏見が少ない人が多かった可能性がある。また住民グループと学生グループの回答の分布の差異には、年齢による差が反映していると考えられる。日本でマスコミ等がステレオタイプな見方で精神障害者の危険性を最も強く報道したのは 1960 年代であった。また、精神病院と病床数の急増が図られたのもこの時代である。このように地域社会から精神障害者の隔離が進行した時代を生きてきた年輩の人々と、その後、精神障害者への地域における支援の資源が徐々に広がってきた 1980 年代以降に育った若年者とでは、精神障害への態度に差が生じていることが考えられる。また調査では、精神障害のある人との接触体験をもつ人々は、もたない人々より偏見をもつ人の割合が少ないことも示された。精神障害に対する偏見には、精神障害について具体的に知らないことも影響しているようだ。地域社会において精神障害者と触れ合う機会が多く形成されていけば、それだけ偏見は少なくなると思われる。

　地域でふつうに生活する障害者と接触する機会を奪い、地域社会から精神障害者の隔離を押し進めた政策そのものが偏見を助長してきたという点では、これまでの政策にも責任がある。地域社会からの隔離政策を最もよく表現し、象徴している存在は精神病院である。閉鎖的でかつ人々に恐怖感を与えるような精神病院が存在しつづける限り、偏見を払拭することは難しいであろう。スティグマはさまざまな要因で生み出される。マスコミの報道の仕方、社会の中にある抑圧的な構造や格差の存在、歴史的・文化的に作られてきた通念や価値観、その他にも医療者自身が自覚せずにスティグマをつくり出してきた事実がある。優生保護法とそれを根拠に行われた強制不妊手術、

ハンセン病患者の隔離収容などが思い浮かぶが、精神障害のスティグマ化には、精神医療そのものにも責任があるといわざるをえない。障害をもつ人の尊厳を尊重すること、同じ人間として敬意をもって接することが基本であり、その人のもつストレングスに注目し、エンパワメントを追求することがリカバリーを促進する。

## 3. 閉鎖的環境

　閉鎖的環境の問題は精神病院の人的、物的環境のなかにある。1960年代以降、欧米では向精神薬および精神病院に代わる地域での支援サービスの開発により、精神病床数を大幅に削減し、脱施設化を推し進めてきた。日本では医療計画が発効する1990年まで精神病床数は増え続け、その後もさほど削減は進んでいない。いまや日本は世界中でもっとも人口あたり精神病床数が多い国となっている。精神病床にたくさんの人が入院していることは、ノーマライゼーションの理念に逆行することであり、自慢にはならない。30万人が精神病床に入院中であるが、在院患者の7割の人は1年以上、4割の人は5年以上の長期在院者である。退院可能であっても地域で生活を支える社会資源が乏しいため退院ができない人が多数存在している。

　精神病床では入院患者数あたり配置すべき医師数、看護師数について、一般病院での配置基準よりも少ない基準が設定されており、診療の密度が低いことも長期在院化を助長する要因となってきた。精神病床の半数以上は鍵がかかっている閉鎖病棟である。身体拘束も治療上必要とされれば認められており、身体拘束を受ける患者が増えているという統計もある[11]。閉鎖的環境のもと、自由を拘束された生活を長年にわたって強いられることは、インスティチューショナリズム（施設症）という二次的障害を生み出す[12]。生きる希望をもち、自分の可能性を広げていくことが、こうした閉鎖的環境によって妨げられている。

　閉鎖的環境のもとで希望を奪われ、可能性を開花させることができない状態に置かれることは、なにも精神病院のなかだけで生じているわけではない。閉鎖的な社会福祉施設や、自分の家に引きこもって社会から孤立してい

る人々にも共通する問題である。引きこもりも社会問題となっている。不登校から始まることも少なくないのだが、引きこもりの期間が長期化し、若い人だけでなく中高年者でも増えている。

　リカバリーを阻害する閉鎖的環境を改善していくには、脱施設化を進めていくと同時に、地域を基盤にした精神保健活動、とくに支援を必要としている人々の生活の場に赴いて取り組むアウトリーチ活動、身体・心理・社会の全体を視野に入れて多職種が連携して支援する体制づくり、さらに当事者自身が参加する自助グループやピアサポートの取り組みが求められている。

## 第5節　求められる施設コンフリクトの解決

　精神保健領域でリカバリーを阻害している端的な「社会的障壁」に施設コンフリクトがある。先にみた3つの社会的障壁が相乗して出現する問題といってもいい。最後にこの問題の克服に何が必要かを考えてみたい。障害をもつ人が暮らす施設やグループホームが設置されることを聞いて、地域住民がそれに反対する運動を繰り広げることが全国各地でみられているが、そうした現象を「施設コンフリクト」あるいは「施設摩擦」とよんでいる。施設コンフリクトは、「社会福祉施設の新築にあたり、その存立が地域社会の強力な反対運動に遭遇して頓挫したり、あるいはその存立の同意と引き換えに大きな譲歩を余儀なくされたりする施設と地域の間での紛争事態[13]」と概念づけられている。こうした事態は、老人施設、保育所などでも生じているが、障害者施設とくに精神障害者を対象とした施設や事業所の設立をめぐって生じることが多い[14]。

### 1. 施設コンフリクトの事例と住民の排他的態度の背景

　大阪市西成区では、1993年、精神障害者社会復帰施設建設の計画が住民の反対運動にあって頓挫した。1996年に建設場所を移して「ふれあいの里」（精神障害者生活訓練施設、通所授産施設、地域生活支援センター）建設計画が策定され、住民に説明されたが、反対署名や反対ビラ・看板等による反

対運動が再燃。それに対し、住民への説明、住民啓発用の懸垂幕の設置やポスター作成、個別訪問などを行政が積極的に行って建設への理解を求め、「ふれあいの里地域連絡会」の設置とそこでの意見交換を通じて、2001 年 4 月に開所に至った[15]。阿倍野区において 1996 年に計画された知的障害者入所施設と精神障害者授産施設・地域生活支援センターの複合施設建設でも、猛烈な反対運動に遭遇して建設は難航し、行政主体の粘り強い啓発活動の末、やっと 10 年後の 2007 年に「障がい者支援施設・アテナ平和」としてオープンした[15]。1999 年に東成区に設置された精神障害者地域生活支援センター「すいすい」においても、反対住民の座り込み、ビラ、ノボリの設置等の反対運動にあったが、運営主体の団体と町会役員、行政の三者の協議の場を設け、運営に関する協定書を結んで開設にこぎつけた[15]。

　施設コンフリクトを惹起する地域住民のこのような態度はなぜ形成されるのだろうか。まず指摘できるのは、福祉サービスの利用者とくに精神障害のある人に対する負のイメージである。精神障害の症状として生じることがある幻覚や妄想といった病的体験は、一般の人々には理解しにくい現象である。幻覚や妄想が原因で理解困難な行動が生じることもある。そうした状態に対して不安や恐怖感を感じる人がいる。それが病気の症状であり、適切な医療やケアがあれば回復できるという事実を知らない人も少なくない。また、福祉施設やグループホーム等の建設に反対する人は、その利用者はすでに病的体験から回復している人々、あるいは症状を適切にコントロールしていている人々であるという事実を知らずに反対している。

　一般人口における刑法犯の検挙率に比べて、精神障害者が刑法犯として検挙される率は低いことが知られている。ただ、治療やケアが適切に提供されていない場合に、妄想や幻覚に支配された重篤な事件が生じることがある。精神保健福祉法には、精神障害のため「自らを傷つけるまたは他人を害するおそれがある」と 2 名以上の精神保健指定医が診断した場合に、行政の措置として入院させることができる制度を設けている。刑法では「心神喪失」「心神耗弱」と鑑定された精神障害の場合、不起訴または減刑することを可能にしている。刑法に触れる重篤な行為を犯し不起訴となった場合は、医療

観察法による治療的処遇を行うことになっている。こうした法制度も、精神障害者に対する負のイメージを生み出している可能性がある。精神障害をもつ人が起こす事件を防止するには、医療とケアの質を高めアクセスしやすくすることがまず必要であり、また、精神障害のある人の地域生活を支援する福祉制度も充実させなければならない。

## 2. 障害者の権利と法律の規定

施設コンフリクトは、社会的排除の具体的な現れであり、基本的な人権を侵害する事態である。障害のある人の権利についての考え方は、今世紀になり大きく深化してきた。日本でも障害者権利条約が 2014 年に批准された。その前提として、障害者基本法、障害を理由とする差別の解消の推進に関する法律（以下、障害者差別解消法）などの法律も整備されてきた。

障害者基本法は、障害者の権利に関して規定している。「基本的人権を享有する個人としてその尊厳が重んぜられ、その尊厳にふさわしい生活を保障される権利」「社会、経済、文化その他あらゆる分野の活動に参加する機会が確保される権利」「可能な限り、どこで誰と生活するかについての選択の機会が確保され、地域社会において他の人々と共生することを妨げられない権利」などである。また、「何人も、障害者に対して、障害を理由として、差別することその他の権利利益を侵害する行為をしてはならない」とも述べている。人々が障害の有無によって分け隔てられることなく、相互に人格と個性を尊重し合いながら共生する社会を実現することを目指している。

障害者差別解消法は、「国および地方公共団体は、障害を理由とする差別の解消の推進に関して必要な施策を策定し、これを実施しなければならない」、「国民は、障害を理由とする差別の解消の推進に寄与するよう努めなければならない」と、国、地方自治体、国民の責務を規定している。また、2013 年に障害者差別解消法が国会で策定される際、衆議院および参議院において次の項目が、付帯決議として定められている。「国および地方公共団体において、グループホームやケアホーム等を含む、障害者関連施設の認可等に際して周辺住民の同意を求めないことを徹底するとともに、住民の理解

を得るために積極的な啓発活動を行うこと」。この付帯決議は、繰り返される施設コンフリクトに対して、行政側の積極的対応を求めたものといえるだろう。

## 3.　行政の対応と今後の課題

　大阪府では、1999年、庁内関係課・室で構成する「福祉施設等設置に係る人権摩擦（施設コンフリクト）検討会議」を設置し、施設コンフリクトの解決方策等について行政の役割の再評価を含めた検討を進め、大阪府としての基本的な考え方や対応策を明らかにした。そこでは、「コンフリクトの存在は、障害者の主体的な生活の場を奪い、自立への不安とあきらめを助長する要因ともなり、たとえ1ヵ所であっても人権侵害に直結する問題であるとの認識を持つべきである」との考えを示した。「共に生きる社会の実現」という共通の目標のもとで論議し、あらゆる人々の人権をまもり伸長するという原点に立ち、積極的な役割を発揮していくことを行政に求め、「特に、予断、偏見に基づく住民運動については、行政として毅然とした態度で取り組むことが必要である」と述べている。

　このような視点に立ち、大阪府としては、行政の自己革新を進め、施設コンフリクト解消の大きなポイントとなっている地域住民の「同意」の必要性について見直すこととし、「住民同意書」を施設助成の条件としないこと、こうした手続きが結果として法の趣旨にそぐわない障害者の権利を阻害してきたとの認識にたち、国に対してはその撤廃を要望していくこととした。その後、国は、こうした要請を受け、精神障害者の福祉施設やグループホーム等の設置に住民同意書を求めないように要件を変更した。また、先に述べた内容の障害者差別解消法の付帯決議にもつながった。

　このように行政や国会での議論が重ねられてきているにもかかわらず、いまだ、施設コンフリクトは解消されているとはいえない。筆者は大阪府内のいくつかの自治体の福祉関係の審議会等の委員をしているが、施設コンフリクト問題が議論された際、ある自治体の障害者施策に関わる担当者は、精神障害者のグループホームの設立に地域住民からの反対運動が生じている事態

に対して、自治体の役割は、グループホームの事業者に対して要件を審査して事業者の指定や監督を行うことであり、グループホーム設立に伴う紛争は民間と民間の関係として、当事者同士で解決すべきという考えを示した。20年前に大阪府の「福祉施設等設置に係る人権摩擦（施設コンフリクト）検討会議」が示した見解からは大きく後退した考え方である。

　住民の反対運動で福祉サービスの整備が阻害される施設コンフリクトと呼ばれる事態は、福祉サービスを必要とする人々の権利侵害につながるものであるという認識を、私たちは改めて確認しなければならない。障害者差別解消法の主旨に則り、行政は、施設コンフリクトに対してもっと積極的に介入し、地域住民の啓発を図るべきである。


## 第6節　むすび

　こころの病は決して特殊な疾患ではない。精神疾患が、身体病理学的定義が可能な disease ではなく、disorder として操作的に定義されていることを第1節で述べたが、それは、精神疾患が、人間関係を含む環境との相互作用の中で生じる人間存在の在りようのひとつであり、そのため生物学的次元の用語では定義できないことを意味しているのであろう。誰しもこころの病をもちうる、あるいは多かれ少なかれこころの病をもっているのである。こころの病が人間にとって普遍的なものであるという理解は、精神疾患をスティグマ化させないためにも重要である。偏見、差別を克服するためには、人間存在の多様性と連続性の理解、われわれは同じ人間だという感覚を、誰しもがもてるようすることが基本となるだろう。

注
　　本稿は最終講義をベースにしているが、最終講義の時期に前後して執筆した次のふたつの論考を一部取り入れて構成している。
1 ）黒田研二，2020,「こころの病と Well-being」小橋元・近藤克則・黒田研二・千代豪昭編『学生のための医療概論（第4版）』医学書院，82-90.
2 ）黒田研二，2020,「施設コンフリクトはなぜ生じるのか」（特集「施設コンフリクト」と私たちの差別意識）『月刊ヒューマンライツ』386: 2-10.

**参考文献**

1 ）Kleinman, A., 1988, *The Illness Narratives: Suffering, Healing and Human Condition.* New York, Basic Books.（江口重幸・五木田紳・上野豪志訳，1996，『病いの語り——慢性の病いをめぐる臨床人類学』誠信書房..）

2 ）WHO, 1980, *International Classification of Impairments, Disabilities and Handicaps.*（厚生省大臣官房統計情報部編，1984，『WHO 国際障害分類試案（仮訳）』（財）厚生統計協会.）

3 ）WHO, 2001, *International Classification of Functioning, Disability and Health.*（障害者福祉研究会編，2002，『ICF 国際生活機能分類国際障害分類改定版』中央法規出版）.

4 ）日本精神神経学会監修，2014，『DSM-5　精神疾患の診断・統計マニュアル』医学書院.

5 ）WHO, 2018, *International Classification of Diseases 11th Revision.* https://icd.who.int/en（厚生労働省 HP，2018，「国際疾病分類の第 11 回改訂版（ICD-11）」https://www.mhlw.go.jp/stf/houdou/0000211217.html）（2020 年 7 月 30 日参照）

6 ）Anthony, W.A., 1993, "Recovery from Mental Illness. The Guiding Vision of the Mental Health Service System in the 1990s," *Psychosocial Rehabilitation Journal,* 16(4): 11–23.

7 ）山口創生・松長麻美・堀尾奈都記，2016，「重度精神疾患におけるパーソナル・リカバリーに関連する長期アウトカムとは何か？」『精神保健研究』29: 15-20.

8 ）Leamy, M., Bird, V., Le Boutillier, C., et al, 2011, "Conceptual framework for personal recovery in mental health: systematic review and narrative synthesis," *Br J Psychiatry* 199: 445-452.

9 ）Beers, C.W., 1953, *A Mind That Found Itself: An Autobiography.* The American Foundation for Mental Hygiene.（江畑敬介訳，1980『わが魂にあうまで』星和書店.）

10）黒田研二，2004，「精神病院から地域への移行をめざして——大阪からの報告」『精神医療』33: 62-75.

11）長谷川利夫，2013，『精神科医療の隔離・身体拘束』日本評論社.

12）Wing, J.K. and Brown, G.W., 1970, *Institutionalism and Schizophrenia: A comparative study of three mental hospitals 1960-1968*, Cambridge University Press.

13）古川孝順・三本松政之・庄司洋子，1993，『社会福祉施設——地域社会コンフリクト』誠心書房.

14）野村恭代，2012，「神障害者施設における施設コンフリクトの実態」『社会福祉学』53（3）: 70-81.

15）大阪市社会福祉協議会「福祉と人権」研究委員会，2008，「施設コンフリクトの解消に向けて——人権の視点からの期待と提案」. https://www.osaka-sishakyo.jp/pdf/jinken_report_vol2.pdf（2020 年 7 月 30 日参照）

16）大阪府，1999，「施設コンフリクトの解消と人権が尊重されたまちづくりに向けた大阪府の基本的考え方について」. http://www.pref.osaka.lg.jp/jinken/measure/shisetukonfuri001.html（2020 年 7 月 30 日参照）

# 第2章　認知症予防の現状と今後の展望

弘原海　剛

## 第1節　はじめに

　近年、高齢者人口の増加に伴い確実に認知症患者の数も増えてきている。厚生労働省の将来推計では2025年には65歳以上で認知症とされる人は700万人を超え、5人に1人が認知症になると見込まれている。現在、認知症への取組みは世界共通の課題であり、国家認知症戦略（英国）、国家アルツハイマー計画（米国）等、各国政府による認知症に関する国家戦略の策定が急ピッチに進展している。

　わが国においても、2019年6月18日の認知症施策推進関係閣僚会議において「認知症施策推進大綱」がとりまとめられた[1]。これには「予防」という観点が打ち出されており、発症や進行を遅らせることを「予防」と定義し、認知症の人が暮らしやすい社会を目指す「共生」とともに2本柱の一つとして初めて目標に掲げられた。そして、認知症予防に関するエビデンスの収集・分析を続け、認知症の発症や進行の仕組みの解明、予防法・診断法・治療法等の研究開発をさらに進める考えが提示された。

　そこで、本稿では認知症予防の中でも、非薬物療法として有効とされている運動療法に着目し、現状の紹介と、今後の展望について著者の研究結果を交えて論述する。

## 第2節　認知症予防としての運動・身体活動介入

　一般的な認知症予防の現場では非薬物療法として、①運動（身体活動）、②音楽療法、③回想法などが実施されている。中でも運動介入については、多くの先行研究で認知機能の低下および認知症の発症に対して防御的に有効

であることが明らかにされている[2]。

　運動介入が認知機能におよぼす影響については、さまざまな運動の強度や様式を用いて研究が進められている。現在のところ、運動強度は低強度から高強度に至るまで、それぞれが脳の活性化および認知機能の改善に効果的であることが報告されている[3][4]。また、運動を単体で実施するのではなく、運動の実施と認知トレーニングを混合（運動をしながら計算を行うなど、2つの課題を同時に遂行する）させた「デュアルタ

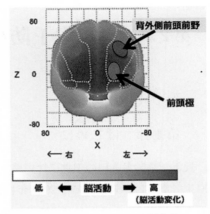

**図1　運動による脳の活性化**

　運動をすることで脳の高次機能を担う部位が活性する（Kyeongho Byun ら 2014）より一部改変

スク[5]」や、運動プログラムと認知課題プログラムを併せた「マルチタスク[6][7]」など、いずれにおいてもコントロール群と比較して有意な認知機能の改善が明らかにされている。

　運動の介入効果のメカニズムについても数多くの研究報告がある。近年は脳機能測定における技術開発が進み、より詳細に運動中の脳の働き・役割が分かるようになった。磁気共鳴機能画像法（functional magnetic resonance imaging: fMRI）や拡散テンソル画像（diffusion-tensor imaging: DTI）等を用いた運動介入時の脳の活性化についてさまざまな知見が得られている。運動の実施が背外側前頭前皮質（dorsolateral prefrontal cortex: DLPFC）を含む前頭前野への血流量や代謝を増加させ、脳の認知ネットワークにおける機能効率を高めることや[9][10][11]、低強度の軽運動や短時間の中強度運動の実施は、特に左側の DLPFC の活性化を高めることが明らかにされている（図1）。また、有酸素性能力の指標となる最大酸素摂取量と DLPFC を含む前頭前野の活性化に相関性があることから、日常の活動性を維持し持久力を高く保つことで、脳の老化を防ぐ可能性が示されている。

## 第 3 節　「堺コッカラ体操」について

　認知症予防としての運動の有効性については前述したように数多くの先行研究があり、運動をすることで脳の高次機能を担う DLPFC および前頭極が活性化される（図 1）。著者は、これらの結果を考慮した上で、体操中の運動強度（METs）、脳血流量（nTHI）、体操前後の認知機能（Trail Making Test: TMT）を測定し（図 2、図 3）、生理学的エビデンスを基に 2014 年 3 月、関西大学と堺市の地域連携事業として、堺市版認知症予防体操「堺コッカラ体操」を開発した。

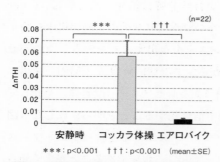

***：p<0.001　†††：p<0.001　(mean±SE)

### 図 2　脳血流量（nTHI）の比較

　安静時を 0 とした時の 1 秒間当たりの脳血流量の変化量（Δ）比較
コッカラ体操中の脳血流量は、安静時およびコッカラ体操と同じ運動強度でのエアロバイク運動中に比べて有意な増加を示した。

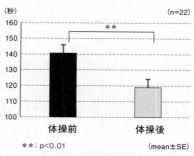

＊＊：p<0.01　　　　　　　　(mean±SE)

### 図 3　体操前後の TMT 遂行時間の比較

　認知機能については、体操介入前 TMT 値は 137.4 ± 7.1 秒に対し、介入後 TMT 値は 119.5 ± 4.5 秒と課題遂行時間が短縮し認知機能の向上がみられた。認知機能の評価には TMT-B を用いた。TMT-B は数字とひらがなで構成されており、「1- あ -2- い -3- う...」の順番で数字とひらがなを交互につなぎ、完遂時間を計測する。ワーキングメモリ、注意変換能力や実行機能を評価する。

　堺コッカラ体操の特徴は、誰にでも無理なく体操に取り組め、簡単な動作で立位姿勢でも座位姿勢でも実施可能である。また、一人でも二人でもグループでも取り組める体操である。4 拍子のリズムに合わせて体を動かせるように工夫し、好みの 4 拍子の音楽に合わせて体操が楽しめる。また、体操には決まった形がなく、4 拍子を 2 回（8 カウント）の手順で構成された簡

単な動作（ブロック）を自由に組み合わせて体操を作ることができる。2015年度からは堺市の一般介護予防事業として導入され、著者も体操の指導や普及活動に取り組んでいる[12]。

## 第4節　炭水化物マウスリンスとは

　2004年ごろからスポーツ科学の分野において、炭水化物水溶液を口の中に含んで（飲み込まず）吐き出すだけで、運動パフォーマンスが向上するという研究報告が現れた。これを炭水化物マウスリンス（以下マウスリンス）という。このマウスリンスがスポーツ科学分野に紹介されたのは、Cater ら[13][14]が体内にエネルギーを摂取しないマウスリンスの実施が炭水化物を摂取した時と同等の運動パフォーマンスを引き出すことを報告したのが最初であった。その後 Chambers ら[15]が磁気共鳴機能画像法（fMRI）を用いて、口腔内に炭水化物が入ると口腔内にあるレセプター（受容体）を介してDLPFC など脳の報酬系に関わる領域を活性化することを明らかにした（**図4**）。その論文が発表されて以降、マウスリンスによる運動パフォーマンスの向上は「中枢神経に効く」ことによって起こる現象であることが広く知られるようになった。

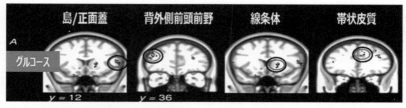

### 図4　脳の報酬系領域の活性化
　（○：グルコース・マウスリンスによって活性化した部分）
口腔内にある炭水化物レセプターが反応し、報酬系の関連領域を活性化させる。
（E. S. Chamber et al. 2009）より一部改変

## 第5節　認知症予防運動とマウスリンスの共通性

　筆者は認知症予防に関する研究や堺コッカラ体操の普及活動を進めながら、別研究として「運動パフォーマンスの向上」をテーマとする研究も行っていた。そこでマウスリンスのメカニズムについて文献研究を進める中、認知症予防とマウスリンスの実施によって活性化する脳の領域に、同じDLPFCが含まれる共通性を見出した。そして、これらを併用することで相乗効果が期待できるのではないかと考えた。

　そこで、認知症予防体操実施中のマウスリンスが認知機能におよぼす影響について実験を実施した。

Study 1: 認知症予防体操実施中のマウスリンスが認知機能におよぼす影響

### 【目的】

　本研究では、認知症予防体操実施中のマウスリンスが認知機能におよぼす影響について検討することを目的とした。

### 【方法】

　認知症予防体操には「堺コッカラ体操」を使用した。対象者は「堺コッカラ体操実験教室」に参加した地域女性高齢者14名（69.7 ± 7.0歳）であった。認知機能検査にはTrail Making Test（TMT-B）を用いて課題遂行時間（TMT値）を測定し、認知機能の変化（事前・事後）を比較した。

　実験教室は週1回（1回40分間）全11回開催した。TMTは教室第1回目に練習を行い、第2回目に実施したものを基準値とした。その後、体操だけを実施する教室（第3～8回）を継続した。第9回～11回目においては体操前後にTMTを測定し、体操中にはマウスリンスを約5分に1回（計8回）実施した。第9回、10回目のマウスリンスには水（CON試行）と6%グルコース（GM試行）溶液の2種類を用い、水溶液1種類に対象者を7名ずつに分けクロスオーバー試験を行った。なお、検査には一重盲検交差法を

**表1　堺コッカラ体操実験教室スケジュール（全11回）**

3試行間: CON（コントロール）試行、GM（マウスリンス）試行、RGM（体操なし）試行の比較を行う。

| 1回目 | 2回目 | 3-8回目 | 9回目 | | 10回目 | | 11回目 |
|---|---|---|---|---|---|---|---|
| TMT（練習） | TMT基準値: 前 | | TMT（事後: 前） | | TMT（事後: 前） | | TMT（事後: 前） |
| 体操 | 体操 | 体操 | A班 | B班 | A班 | B班 | A・B班合同 |
| | | | GM＋体操 | CON＋体操 | CON＋体操 | GM＋体操 | RGM（体操なし） |
| | TMT基準値: 後 | | TMT（事後: 後） | | TMT（事後: 後） | | TMT（事後: 後） |

採用した。第11回目には体操を実施せず、40分間の座位安静状態中に、グルコース溶液にてマウスリンスを約5分に1回（計8回）実施した（RGM試行）（**表1**）。

【結果・考察】

　基準値およびCON試行（第9・10回目）の体操前後におけるTMT値の比較を図5-a, bに示した。**図5-a**は実測値、**図5-b**は体操前の値をそれぞれ100％とし変化量（短縮率）を比較した。

　第2回目の体操を挟んで測定したTMT値（基準値）の前後比較では、140秒から120秒へ短縮し、有意な差が認められた。このことから1回の体操による認知機能向上効果の可能性が示された（**図5-a, b**: 基準値前後）（$p<0.01$）。また、約3ヵ月間にわたる教室の継続実施により、体操前のTMT値は、基準値の140秒からCON試行（事後: 前）119秒へ有意に短縮し、体操教室の継続による認知機能改善の可能性が確認できた（**図5-a**: 基準値前とCON前比較）（$p<0.01$）。しかし、CON試行では前後の差は見られなかった（**図5-a, b**: CON前後比較）。

　これらのことより、堺コッカラ体操は認知機能の改善に有効である可能性が考えられた。しかし、約3ヵ月間にわたる教室継続実施によって認知機能

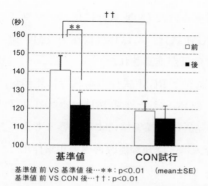

基準値 前 VS 基準値 後…＊＊：p<0.01　（mean±SE）
基準値 前 VS CON 後…††：p<0.01

**図 5-a　TMT 平均値（実測値）比較**

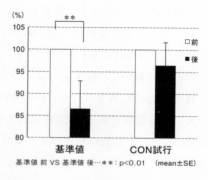

基準値 前 VS 基準値 後…＊＊：p<0.01　（mean±SE）

**図 5-b　TMT 前後（％）比較**

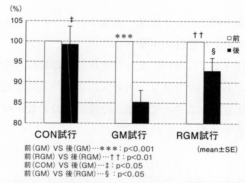

前（GM）VS 後（GM）…＊＊＊：p<0.001
前（RGM）VS 後（RGM）…††：p<0.01　　　（mean±SE）
前（COM）VS 後（GM）…‡：p<0.05
前（GM）VS 後（RGM）…§：p<0.05

**図 6　体操前後の TMT 変化率 3 試行間比較**

　　体操だけでは認知機能の向上が期待できなくなっても
（CON 試行）、マウスリンスの介入により更に TMT 値の短縮
が認められた。

がある程度向上した場合には、単回の堺コッカラ体操を実施してもそれ以
上の認知機能改善効果は見られなかった（**図 5-a，b**：CON 前後比較）。これ
は、体操効果の限界、つまり「天井効果」と考えられた。

　次に、マウスリンス介入効果を見るために、体操前の TMT 遂行時間の値
を 100％ として変化量（短縮率）の 3 試行間比較を行った（**図 6**）。前後の
短縮率は、それぞれ CON：− 1.7％、GM：− 14.4％、RGM：− 6.6％ であり、
体操中にマウスリンスを介入した GM 試行の遂行時間の短縮率が大きいこ

とが明らかとなった。「天井効果」と考えられた CON 試行に比べ、マウスリンスを介入した 2 試行（GM 試行、RGM 試行）には体操前後で TMT 値の有意な短縮が認められ、マウスリンス効果が推測された。

　後の値において、GM 試行は、CON 試行と RGM 試行の両試行に比べいずれも有意に低値を示した（p<0.05）。CON 試行との差異はマウスリンス介入による影響であり、RGM 試行との差異は体操実施による影響と考えられる。よって、体操中のマウスリンス介入は、認知機能改善への相乗作用となる可能性が考えられた。

## 【結論】

　認知症予防体操（堺コッカラ体操）実施中のマウスリンス介入は、認知機能の改善に有効である可能性が示唆された。

　マウスリンスは今までにない、まったく新しい認知症対策法として大いに期待できるものであり、マウスリンス介入による効果的な認知症予防法を確立することは大変意義あることである。今後、対象者数を増やし、さらなる検討を加える予定である。

## 第 6 節　おわりに

### 1. 普及のためには

　認知症予防に効果的な運動方法やメカニズムについては、多くの研究がなされ確実に解明されてきた。しかし、それを実践して予防効果を上げる全国的規模の普及には至っておらず、いまだ道半ばである。

　一般介護予防事業等の推進方策について厚労省は「通いの場」を推奨している。「通いの場」とは、高齢者が日常的に自宅の近所で地域住民と触れ合うことができる場所であり、認知症予防体操なども、ここで行われている。このように、ある特定の場所（施設）に対象者を集め、指導者を招いての集団的指導が一般的で、住民主体としたポピュレーションアプローチが展開さ

れている。

　しかし、地域に暮らす高齢者は、ここに集うような健康づくりに積極的な人ばかりでなく、健康や運動に無関心な層も多くいるのが現状である。その層をどう巻き込んでいくかが課題である。今後は、大衆的で普及しやすい運動プログラムや、それを遂行する運営形態の開発が求められる。誰もが楽しく感じ継続可能なシステムを考えなくてはならない。その打開策の一つに遠隔通信がある。SNS などのリモートを活用すれば、「通いの場」に行かなくても、自宅で簡単に体操等のさまざまなプログラムにも参加が可能である。最近、アプリを活用したゲーミフィケーション（ゲーム要素の応用）を用いた革新的な取り組みも始まっている[16]。

　認知症予防に限定した場合には、従来の身体活動に拘り過ぎず、フレイル対策とは別建てで考えてもいいのではないだろうか。認知機能改善には低強度の軽運動でも効果的であることから、方法論の根本的な見直しが必要である。また、認知症予防は高齢期になってから行うのでは遅く、その習慣性を含め、若いうちから始めても問題はないと考える。認知機能改善は、高齢者の認知症予防だけでなく、子どもの頃からの機能向上プログラムとしても活用が可能である。

　認知機能改善には、運動だけでなく、音楽を聴くこと、笑うことで、前頭前野が活性化するといわれている。加えて、体操に音楽性や芸術性のエンタテイメント的要素を取り入れることで、大衆への興味付けに成功し、楽しく継続可能なものになると思われる。今後の認知症予防研究が、通信業界・音楽産業界・エンタテイメント業界との連携を図ることで飛躍的に発展することが期待される。

## 2. 認知症予防への今後の期待

　本稿で紹介したマウスリンスを認知症予防に介入させるという発想・研究は他にはまだ誰も着手していない筆者らのオリジナルである。マウスリンスは非常に簡易で、老若男女問わず誰にでもすぐに試せる手法であり、既存の認知症対策法として実施されている「身体や認知的活動」に付け加えるだけ

で、脳血流量増大の相乗効果が期待できる画期的な方法となり得る。また、運動パフォーマンスの向上や認知症対策だけでなく、学齢期の子どもたちの認知機能および集中力の向上、糖尿病患者の運動時の利用、うつ病治療への応用など限りなく幅広い分野で活用の可能性が期待できる。

**参考文献**

1）厚生労働省 HP，認知症施策推進大綱.
　https://www.mhlw.go.jp/stf/seisakunitsuite/bunya/0000076236_00002.html
　（参照日　2020.9.1）

2）Lam, F.M. et al, 2018, "Physical exercise improves strength, balance, mobility, and endurance in people with cognitive impairment and dementia," *a systematic review. J Physiother*. 64(1): 4-15.

3）Kamijo, K., Hayashi, K., Sakai, T., et al, 2009, "Acute effects of aerobic exercise on cognitive function in older adults," *Journal of Gerontology, Psychological sciences*, 64B(3): 356-363.

4）紙上敬太・西平賀昭・東浦拓郎，2009，「運動強度と身体活動量が認知・脳機能に与える影響」『体力科学』58: 63-72.

5）山田実，2009，「注意機能トレーニングによる転倒予防効果の検証──地域在住高齢者における無作為化比較試験」『理学療法科学』24（1）: 71-76.

6）Suzuki, T., et al, 2012, "Effects of multicomponent exercise on cognitive function in older adults with amnestic mild cognitive impairment," *a randomized controlled trial. BMC Neurol*, 12: 128.

7）Oswald, W.D., 2006, "Differential effects of single versus combined cognitive and physical training with older adults," *the SimA study in a 5-year perspective. Eur J Ageing*, 3(4): 179.

8）島田裕之編，2015，『運動による脳の制御──認知症予防のための運動』杏林書院.

9）Byun, K., et al, 2014, "Positive effect of acute mild exercise on executive function via arousal-related prefrontal activations," *an fNIRS study. Neuroimage*, 98: 336-345.

10）Byun, K., et al, 2016, "Possible neurophysiological mechanisms for mild-exercise-enhanced　executive function: An fNIRS neuroimaging study," *J Phys Fitness Sports Med*, 5 (5): 361-367.

11）Yanagisawa, H., et al, 2010, "Acute moderate exercise elicits increased dorsolateral prefrontal activation and improves cognitive performance with Stroop test," *NeuroImage 50*. 1702–1710.

12）今津弘子他，2016，「『堺コッカラ体操』の取り組みと効果──体操の普及によるソーシャルキャピタルの醸成をめざして」『保健師ジャーナル』72（8）: 615-677, 672-677.

13) Carter, J.M., Jeukendrup, A.E., Mann, C.H., Jones, D.A., 2004, "The effect of glucose infusion on glucose kinetics during a 1-h time trial", *Med Sci Sports Exerc,* 36(9): 1543-1550.

14) Carter, J.M., Jeukendrup, A.E., Jones, D.A., 2004, "The effect of carbohydrate mouth rinse on 1-h cycle time trial performance", *Med Sci Sports Exerc,* 36(12): 2107-2111.

15) Chambers, E.S., Bridge, M.W., Jones, D.A., 2009, "Carbohydrate sensing in the human mouth: effects on exercise performance and brain activity," *J Physiol,* 587: 1779-1794.

16) Patel, M.S., et al, 2019, "Effectiveness of Behaviorally Designed Gamification Interventions With Social Incentives for Increasing Physical Activity Among Overweight and Obese Adults Across the United States: The STEP UP Randomized Clinical Trial," *JAMA Intern Med.* 9; 179(12): 1-9.

# 第3章　福祉の視点から
# レクリエーションを考える

涌井　忠昭

## 第1節　はじめに

　筆者は、1989年4月から2007年3月まで専任として、また、2007年4月から2011年3月まで兼担として計22年間、介護福祉士教育に従事した。主な担当科目は「レクリエーション演習（1989年当時の授業科目名）であった（当時の厚生省が定める介護福祉士養成施設における授業科目名は「レクリエーション指導法」であり、必修科目であった）。

　レクリエーションという言葉は、元来の意味からすれば、re-create、つまり、「つくり直す」ということである。私たちは日々、レクリエーション活動によって心身をつくり直している。また、「遊び」から価値を引き出し、人々の生活に楽しさと喜びをもたらすレクリエーションは、私たちの生活に欠くことができない。

　ところで、特別養護老人ホームなどの介護の現場では、従来から福祉サービス利用者の生活の質の向上を目指してレクリエーションが行われている[1]。また、担当職種は、介護職員の割合が最も高い[2]。一方、垣内[3]は、社会福祉の視点から、レクリエーションを次のように定義している。「レクリエーションとは、生活を楽しく、明るく、快くするための一切の生活上の行為である。行為とは単に四肢の行為のみでなく、視覚、聴覚、味覚、臭覚などと関連する行為をも含む。」と定義し、一言で表すならば「生活の快」と述べている。福祉サービス利用者の「よりよい生活」にレクリエーションは欠かせない。暮らしにおける遊びやゆとりが生活を活性化させ、福祉サービス利用者の健康と健幸につながる。

　筆者が介護福祉士教育に従事していた間、介護福祉士養成のカリキュラムが2度改正された。2000年4月の改正では、「レクリエーション指導法」が

「レクリエーション活動援助法」に科目名が変更された。2009年4月の改正
では、「レクリエーション活動援助法」は廃止された。レクリエーションに
関する学習は他の科目の一部に包含され、あるテキストでは、レクリエー
ションに関する記述は僅か3ページである[4]。また、レクリエーションに関
する科目を教育課程に残すかは、各介護福祉士養成施設に委ねられた。この
ことは、福祉領域においてレクリエーションの普及・振興を行ってきたレク
リエーション関係者に大きな衝撃を与えた。

　しかし、現在でも特別養護老人ホームなどの介護の現場では、介護サービ
スの一環としてレクリエーションが行われている。福祉サービス利用者の
「よりよい生活」に欠かせないレクリエーションは今後どうなっていくので
あろうか。

　本稿では、第2節ではわが国における高齢社会の現状を概観し、第3節で
は、要介護高齢者および認知症高齢者等の介護に従事する介護福祉士養成に
おけるレクリエーション教育について述べる。第4節では、公益財団法人日
本レクリエーション協会（以下、「日本レクリエーション協会」と略す。）が
養成する福祉レクリエーション・ワーカーについて述べ、そして第5節で
は、レクリエーションの発展に向けてと題して、レクリエーション活動の効
果を提示し、福祉の視点からレクリエーションを考えてみたい。


# 第2節　わが国における高齢社会の現状

## 1. 高齢者の増加と高齢化率の上昇

　2018年10月1日現在、わが国の総人口は1億2,644万人で、65歳以上の
人口は3,558万人と、総人口に占める高齢者の割合（高齢化率）は28.1%と
なっている。わが国の高齢化率は、1950年には5%に満たなかったが、1970
年に7%を超えて高齢化社会となり、1994年には14%を超えて高齢社会と
なった。高齢化率はその後も上昇し、2007年には21%を超え、超高齢社会
へと突入した。今後も65歳以上の人口は増加していくが、2042年にピーク

を迎え、その後は減少すると推計されている[5]。

## 2.　平均寿命と健康寿命の延伸

わが国の平均寿命は、2017 年現在、男性 81.09 年、女性 87.26 年で、今後も上昇が予想され、2065 年には男性 84.95 年、女性 91.35 年と推計されている。一方、健康寿命（日常生活に制限のない期間）は、2016 年現在、男性 72.14 年、女性 74.79 年で、健康寿命と平均寿命の差が高齢期における課題となっている[5]。

## 3.　要介護高齢者および認知症高齢者の増加

高齢者の増加に伴い、介護を必要とする高齢者や認知症の高齢者も増加している。要介護または要支援と認定を受けた人（以下、「要介護高齢者」と略す。）は、2016 年度末で約 618.7 万人となっている。介護が必要になった原因は認知症が最も多く、次いで脳血管疾患（脳卒中）、高齢による衰弱の順となる。一方、認知症の高齢者も年々増加傾向にあり、推計値によって異なるが、2025 年の認知症の有病者数は約 700 万人になると推計されている[5][6]。

## 4.　介護の社会化

これまで、要介護高齢者の介護は主に要介護高齢者の配偶者、子、子の嫁が行ってきたが、核家族化、要介護高齢者の増加および介護期間の長期化などから新たな制度として、2000 年 4 月に介護保険法が制定された。この制度は、介護を必要とする人の自立した生活を支援するため、これまでの家族による介護から、社会全体で支えるという理念のもと、「介護の社会化」を目指した。

## 第3節　介護福祉士養成におけるレクリエーション教育

### 1.　介護福祉士の養成

　前述のように、わが国では高齢者の増加が予測されること、また、それに伴い要介護者高齢者および認知症高齢者の増加が予測されることから、要介護高齢者および認知症高齢者を介護する人材の確保が急務となった。そこで国は、1987年に社会福祉士及び介護福祉士法を制定し、翌年の1988年から介護福祉士の養成がはじまった。介護福祉士資格は国家資格であり、当時は以下のように定義されている[7]。介護福祉士とは、「介護福祉士の名称を用いて、専門的知識および技術をもって、身体上又は精神上の障害があることにより日常生活を営むのに支障があるものにつき入浴、排せつ、食事その他の介護を行い、並びにその者およびその介護者に対して介護に関する指導を行うこと（以下「介護等」という。）を業とする者をいう。」

　なお、わが国において介護福祉士の法制化に至った理由として、西村[8]は次の3点を挙げている。

1) 高齢化と福祉ニードへの専門的な対応が必要となったこと。
2) 国際的な観点から、先進諸国に比べわが国の福祉専門職の養成が立ち後れていて、資格制度の確立が望まれたこと。
3) シルバーサービスの動向から資格制度が必要とされたこと。

### 2.　介護福祉士養成におけるレクリエーション学習

　1987年に社会福祉士及び介護福祉士法が制定され、翌年の1988年から介護福祉士養成がはじまったことは先に述べたが、特筆すべきことは、介護福祉士養成の必修科目に「レクリエーション指導法（演習: 60時間）」が位置づけられたことである。

　当時の介護福祉士養成における授業科目の目標および内容において、「レクリエーション指導法」は次のように記されている[9]。

「目標」

1）レクリエーション活動の社会的意義を理解させる。

2）レクリエーション計画の作成能力の習得向上を図らせる。

3）レクリエーション指導者としての役割について理解させる。

4）レクリエーション活動の実践指導能力の習得向上に努めさせる。

「内容」

1）レクリエーションの基本的理解

　①レクリエーションの概念

　②レクリエーションと人間社会

2）レクリエーションの活動領域と意義

　①レクリエーションの活動領域（地域社会、学校教育、職場、社会福祉分
　　野等）

　②社会福祉とレクリエーションの意義

　③介護福祉利用者とレクリエーション（施設利用者、家庭利用者）

　④介護従事者とレクリエーション（施設従事者、家庭介護者）

3）レクリエーション活動の主体

　①個人とレクリエーション

　②集団とレクリエーション

　③集団の力動性の活用と対応（効果と問題点への対応）

　④介護福祉利用者とレクリエーションの動機づけ

　⑤レクリエーション活動の適正条件

4）レクリエーション計画の作成及び実施

　①レクリエーション指導の体系化、指導者の役割

　②レクリエーション計画の目的

　③レクリエーション計画の作成・実施上の配慮（介護福祉利用者の心身特
　　性とレクリエーション財選好の把握、レクリエーション計画の分類と体
　　系化、レクリエーション計画の目標と内容構成、レクリエーションの実
　　践、評価の視点・方法及び管理）

5）レクリエーション指導者の配慮

　①レクリエーション指導者の介護福祉利用者との役割分担
　②レクリエーション指導者間の役割とチームワーク
　③レクリエーション実施に伴なう安全確保及び財政計画等
　④治療的レクリエーションの開発の必要性
6）レクリエーション活動の実践
　①老人のレクリエーション活動と指導展開例
　②障害形態別障害者のレクリエーション活動と指導展開例
　　（注）障害者には障害児も含む。


　なお、2009年4月に「レクリエーション活動援助法」の科目は廃止され、レクリエーションに関する学習は他の科目の一部に包含されたこと、また、レクリエーションに関する科目を教育課程に残すかは各介護福祉士養成施設に委ねられたことはすでに述べた。そのため、介護福祉士養成施設では、レクリエーションに関する科目が教育課程にない学校もみられるようになった。現在でも特別養護老人ホームなどの介護現場では、介護サービスの一環としてレクリエーションが行われている。田島[10]は、「新カリキュラムになっても、食べて、寝て排泄することだけを支える福祉ではなく、利用者一人ひとりの楽しみを目的とした諸活動＝「レクリエーション活動」の提供は、福祉サービスの質の向上における永遠の課題であることに間違いない。福祉現場からもレクリエーション支援技術を必要とする声は多い。」と述べている。

　また、介護福祉士の養成がはじまった当初、「レクリエーション指導法」を担当する教員は、日本レクリエーション協会の上級または1級指導者（当時の階梯）の資格を有し、かつレクリエーション指導の実務経験を有することが望ましいとされており、その後、担当教員の資格として、福祉レクリエーション・ワーカーが加わった。

　一方、2009年に「レクリエーション活動援助法」が介護福祉士養成の必修科目から廃止される前は、介護福祉士を養成する大学、短期大学または専門学校のなかには、日本レクリエーション協会の公認指導者養成課程認定校

（以下、「課程認定校」と略す。）となり、「レクリエーション・インストラクター」や「福祉レクリエーション・ワーカー」を養成していた。なお、課程認定校[11]とは、日本レクリエーション協会が制定する公認指導者認定・登録規程に基づき、大学、短期大学または専門学校等の高等教育機関において、日本レクリエーション協会が定めるカリキュラムと担当教員（教官）によって、日本レクリエーション協会の公認指導者養成を行う課程を認定された学校のことである。学生は大学、短期大学または専門学校等でレクリエーションに関する科目を履修して単位を修得し、実習および事業参加を経て資格を取得することができる。現在取得できる資格には、「レクリエーション・インストラクター」「スポーツ・レクリエーション指導者」「レクリエーション・コーディネーター」および「福祉レクリエーション・ワーカー」がある。

　「レクリエーション活動援助法」が介護福祉士養成の必修科目から廃止された後は、課程認定校の数は減少傾向にある。その理由は、①介護の仕事はやりがいのある仕事だが、仕事の内容（質と量）に見合う賃金でないとの理由から、介護福祉士を養成する大学、短期大学または専門学校数の減少および志願する学生数が減少していること[12]、②介護福祉士養成から「レクリエーション活動援助法」が廃止されたことが影響していると推測される。

## 第4節　日本レクリエーション協会における福祉レクリエーション・ワーカーの養成

### 1.　日本レクリエーション協会

　日本レクリエーション協会は、わが国におけるレクリエーション運動の普及・振興を行うナショナルセンターとしての機能を持つ組織である。

　1947年に全国レクリエーション大会が開催された際、日本レクリエーション協議会が発足し、翌年の1948年に日本レクリエーション協会が設立された。1960年代以降の高度経済成長期には、職場レクリエーション（現在の企業レクリエーション）が全盛期を迎え、その後は地域レクリエーションや

学校レクリエーションの領域が広がりをみせた。

　また、1973 年に日本レクリエーション協会[13] は、「レクリエーションとは人間の生きる喜びです。①レクリエーションで健康を高め、うるおいのある生活を築こう。②レクリエーションの輪を地域にひろげ、住みよい町をつくろう。③よりよいレクリエーション環境をつくるために立ちあがろう。」とスローガンを発表した。

　なお、2017 年に日本レクリエーション協会[14] は、レクリエーションの主旨（目的）を「心を元気にすること。」と定義した。

## 2．福祉レクリエーション・ワーカーの養成

　日本レクリエーション協会は、急速な平均寿命の延伸による高齢化社会見据え、1974 年から「高齢者レクリエーション・ワーカー」の養成事業を始めた。この高齢者レクリエーション・ワーカー養成セミナーには、多くの高齢者福祉施設の職員が参加した。

　また、介護福祉士養成の必修科目に「レクリエーション指導法」が位置づけられるなか、1989 年に開催された「第 1 回全国レクリエーション研究大会」において「福祉レクリエーション研究部会」が設けられ、その後「福祉レクリエーション」という言葉が広まっていった。日本レクリエーション協会は、協会内に「福祉レクリエーション・ワーカー研究開発プロジェクト」を編成して資格制度や養成カリキュラムを検討し、1994 年に「福祉レクリエーション・ワーカー」資格制度を制定した[15]。「福祉レクリエーション・ワーカー」資格を取得するには、以下に示す学習時間が必要であった[16]（1994 年当時）。

1) レクリエーションに関する基礎的知識・援助技術（50 時間）
　①レクリエーションの理論（20 時間）
　②レクリエーション実技（30 時間）
2) 社会福祉および隣接領域に関する基礎的知識・援助技術（50 時間）
　①社会福祉概論（10 時間）

　②社会福祉特論（5時間）

　③社会福祉援助技術論（5時間）

　④生活文化論（5時間）

　⑤健康科学論（5時間）

〈福祉・医療に関する援助技術演習（10時間＋10時間）〉

　①リハビリテーションの一般知識（10時間）

　②介護技術の基礎（10時間）

　③カウンセリング（10時間）

　④保育指導法（10時間）

　⑤救急法（10時間）

〈この中から2科目選択〉

3) 福祉レクリエーションに関する専門的知識・援助技術（70時間）

　①福祉レクリエーション論（10時間）

　②福祉レクリエーション援助論（15時間）

　③福祉レクリエーション援助技術（45時間）

4) 福祉レクリエーション総合実習（30時間）


　千葉[17]は、福祉レクリエーションの概念を次のように述べている。「福祉レクリエーションとは、何らかの形で国家・社会からのシステム的生活援助・支援（公的私的を包含して）を必要としている人々が、その生活や人生過程の中で楽しみや喜びを求めて行う行為・活動である。そして、その意味するところは、そうした人々の可能な限りの心身の健康と幸福な生活・人生の（再）開発に連動しなければならないということである。また福祉レクリエーションは、専門スタッフや家族あるいはボランティアなど他者からの援助・支援を必要とする場合が少なくないので、これを実現させるためにはすべての人々の理解と協力が必要である。」

　また、日本レクリエーション協会[18]は、福祉レクリエーション・ワーカーの役割として、対象者個々人に合う「活動プランづくり」、1対1の場面での「コミュニケーション」、個々人に合わせた「活動のアレンジ」などを通

じて、一人ひとりの生きがいづくりを支援することと説明している。一方、福祉レクリエーション・ワーカーにおける学習を通じて習得できる知識および技術として、①継続して展開していく力、②個人の状況に合わせたレクリエーション支援プランを立てる力、③レクリエーション支援プランを実行・評価する力、④個人の意欲を引き出すコミュニケーション力、⑤個人との１対１の関りを、ひとり一人のふれあい、支えあいへと広げる力、⑥レクリエーション支援プランの達成に向けて他職種と連携を図る力、を挙げている。

　福祉レクリエーション・ワーカーの数は、1994 年から 2005 年までは順調に増加していったが、2006 年以降減少し、2017 年はピーク時の半分以下となっている[19]。現象の理由は、介護福祉士を養成する大学、短期大学または専門学校数、志願者数の減少[12]および課程認定校数の減少が影響していると推測される。

**図1　1994 年から 2017 年までの福祉レクリエーション・ワーカー数の年次推移**

出典: Murray, H., Tajima, Y., Wakui, T., Wakano, T., Nagata, S., 2019, "Fukushi (Social Welfare) Recreation in Japan," *Therapeutic Recreation Journal*, LIII(3): 268-273.

## 第5節　レクリエーションの発展に向けて

### 1．レクリエーション活動の効果

　レクリエーション活動における第一義の目的は、「楽しさの体験」である。楽しさを継続的に体験することによって人々は、心身の健康や生きがい等を獲得することができる。この第二義的に生じる心身の健康や生きがい等の獲得は、レクリエーション活動の効果と言えよう。このレクリエーション活動の効果を広く社会に周知することができれば、レクリエーションの社会的認知は高まっていくであろう。

　そこで、筆者が関わってきた研究の一部を以下に紹介する。

### 2．要介護高齢者におけるアクティビティケアの効果

　近年、高齢者の日常生活の活性化を目的としたアクティビティケアが介護の現場で行われている。アクティビティケア[20]とは、「利用者の生活を活性化させるために行う、援助者からの意図的なアプローチのひとつである。援助の方法として、利用者の生活歴や趣味、特技などの情報を面接の際や日常の介護業務から得て、本人の意向を踏まえながら、やってみたいとするアクティビティをできるよう条件整備する。」とされている。

　アクティビティケアの効果に関する報告は年々増えているが、ここではアクティビティケアが要介護高齢者の睡眠と覚醒パターンに及ぼす影響について述べる。なお、実際に行ったアクティビティケアの内容は、これまでにレクリエーション活動とされる内容であった。

　堤ら[21]は、介護療養型医療施設に入院していた要介護高齢者9名（男性5名、女性4名、平均年齢78.0 ± 9.1歳、平均Barthel Index得点50.0 ± 35.0、平均改訂長谷川式簡易知能評価スケール得点14.2 ± 7.7）を対象として、任意参加の喫茶が週1回行われていた30日間をコントロール期、週3回のアクティビティケアを行った36日間を介入期として、睡眠と覚醒パターンからアクティビティケアの効果を検証した。

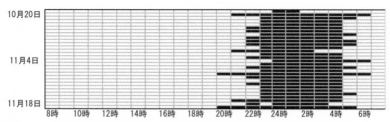

**図 2-1　事例 3 のコントロール期における睡眠日誌（30 日）**

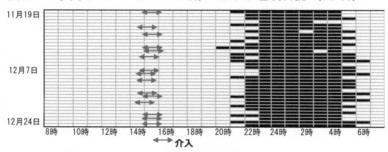

**図 2-2　事例 3 の介入期における睡眠日誌（36 日）**

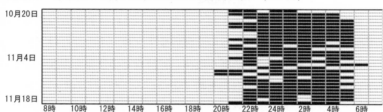

**図 3-1　事例 8 のコントロール期における睡眠日誌（30 日）**

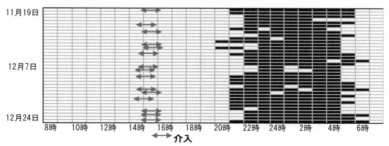

**図 3-2　事例 8 の介入期における睡眠日誌（36 日）**

出典：堤雅恵・涌井忠昭・小林敏生・田中マキ子，2007，「要介護高齢者の興味・関心を考慮したアクティビティケアの効果——音楽・運動・趣味プログラム参加による睡眠・覚醒パターンへの影響」『老年看護学』12（1）: 101-108.

**表 1　コントロール期と介入期における全対象者の睡眠指標の比較　(n=9)**

| 睡眠指標 | コントロール期 (30 日) | 介入期 (36 日) |
|---|---|---|
| | median (range) mean ± SD | median (range) mean ± SD |
| 総睡眠時間 | 7.7 (6.9-8.3) 7.5 ± 0.58 | 7.9 (6.9-8.3) * 7.8 ± 0.50 |
| 夜間最長睡眠持続時間 | 7.3 (6.0-8.1) 7.2 ± 0.62 | 7.5 (6.3-7.9) 7.4 ± 0.59 |
| 夜間中途覚醒時間 | 0.23 (0-0.7) 0.24 ± 0.21 | 0.19 (0.08-0.58) 0.27 ± 0.17 |
| 昼間睡眠時間 | 0 (0-0) 0 ± 0 | 0 (0-0.08) 0.0093 ± 0.028 |

$*p<0.05$

出典: 堤雅恵・涌井忠昭・小林敏生・田中マキ子，2007，「要介護高齢者の興味・関心を考慮した
アクティビティケアの効果——音楽・運動・趣味プログラム参加による睡眠・覚醒パターン
への影響」『老年看護学』12 (1): 101-108.

　アクティビティの内容は、①音楽プログラム（歌や音楽に関連したアク
ティビティ）、②運動プログラム（風船バレーなど、体の動きがあるアク
ティビティ）、③趣味プログラム（読書やビデオ鑑賞など、静かに過ごすア
クティビティ）で、それぞれのアクティビティを週 1 回、5 週間で計 15 回
実施した。睡眠・覚醒パターンの測定は、睡眠日誌 sleep log を用いた。

　コントロール期と介入期を比較した結果、介入期の総睡眠時間は 9 名中 7
名が、夜間最長睡眠持続時間では 9 名中 6 名が増加した。事例別では、コン
トロール期と比較して介入期の総睡眠時間の平均が 6.9 時間から 7.7 時間に
有意に増加した者（**図 2-1、2-2**）、また、コントロール期と比較して介入期
の夜間中途覚醒時間の平均が有意に減少した者（**図 3-1、3-2**）がみられた
と報告している。さらに、コントロール期と介入期における全対象者の睡眠
指標では、介入期における総睡眠時間が有意に増加したとしている（**表 1**）。

　このように、アクティビティケアへの参加は、要介護高齢者の睡眠と覚醒
パターンに望ましい効果があり、その理由を堤ら[21]は次のように述べてい
る。「①アクティビティケアへの参加が夜間不眠につながる午後から夕方の

居眠りを防止した可能性、②アクティビティケアへの参加によって対象者の身体活動量が増加した可能性、③アクティビティケアへの参加が他者との交流の場となり、ストレスの軽減や精神的な充足感が睡眠指標によい影響を与えた。」

なお、その後、堤ら[22]は、②のアクティビティケアへの参加によって対象者の身体活動量が増加した可能性についての検証を行っている。介護療養型医療施設に入院している認知症高齢者を対象として、アクティビティケアが実施された日のエネルギー消費量と実施されなかった日のエネルギー消費量を測定したところ、両日に有意な差がなかったとしている。

## 3. 要介護高齢者の個別性を活かしたレクリエーション活動の効果

涌井ら[23]は、介護療養型医療施設に入院していた要介護高齢者25名（男性10名、女性15名、平均年齢78.2歳 ± 12.0歳、平均介護度3.1 ± 1.3、平均 Barthel Index 得点43.2 ± 34.8、平均改訂長谷川式簡易知能評価スケール得点14.1 ± 6.9）を対象として、個別性を活かしたレクリエーション活動を実施し、参加度からレクリエーション活動の効果を検証した。

対象者一人ひとりの過去の趣味および現在の好きな活動内容に関する面接調査、家族からの聞き取りおよび入院記録から、対象者の興味・関心のある活動を調査した。その結果、音楽プログラムが好きな人は15名、運動プログラムが好きな人は3名、趣味プログラムが好きな人は7名であった。

レクリエーション活動の内容は、①音楽プログラム（歌）、②運動プログラム（風船バレー、魚釣りゲームなど集団で楽しめる運動）、③趣味プログラム（ビデオ鑑賞、貼り絵、読書、手品など）で、それぞれを週1回、5週間で計15回実施した。

参加度は、セラピューティックレクリエーションカルテ[24]を一部改変した評価表を用い、①参加意欲（進んで参加したか）、②表情（楽しい表情がみられたか）、③興味・関心（活動内容に対する興味・関心がみられたか）、④合計を調査した。配点は各項目0～3点で、最高は9点となる。

その結果、一人あたりのレクリエーション活動への参加回数は、平均で

**表 2　レクリエーションへの参加により生活が活性化した例**

| | 週 1 回の期間 | 週 3 回の期間 |
|---|---|---|
| d | 参加意欲はあった。自分なりに存在をアピールしていた。 | 毎回積極的に参加した。仲間をかばうしぐさが日々の生活のなかにたびたびみられるようになった。 |
| j | 比較的温和であるが、ときには感情をあらわになっていた。 | 精神的にも落ち着いて、他の患者とふれあうことができる。レクリエーションのときだけでなく、食事時にも親切な行動がみられるようになった。 |
| p | リハビリテーションと家族との散歩以外楽しみがないようにうかがえた。またナースコールが頻繁で訴えが多かった。 | 声かけには嬉しそうに答えていた。流涎のため常にハンカチが口元から離れなかったが、やや軽減し、離床中は訴えも減った。 |

出典: 涌井忠昭・堤雅恵・正木久美子・松本光江・高津智一・深井とみ子・中村晴美，2007，「楽しいレクリエーション――あなたも私も今日は主役」『総合ケア』17（6）: 96-102.

13.0 ± 2.9 回であり、レクリエーション活動への参加により生活が活性化した顕著な例を**表 2** に示した。他にも他の患者への気配りがみられたり、ポータブルトイレを利用している患者が昼間は一般トイレを利用するようになった。レクリエーションによる楽しさの体験が生活意欲を向上させ、ADL の改善につながったと推察される。

　また、プログラムへの参加度は、全項目においてほぼ同様の参加度であった（**図 4**）。そこで、好きなプログラムへの参加度が高くなるかについて検証したところ、音楽グループは趣味グループよりも音楽プログラムおよび運動プログラムにおいて参加度が有意に高かった（**図 5**）。一方、趣味プログラムにおいては、グループ間に有意な差はみられなかった。一人ひとりの好みのプログラムへの参加度は、他のプログラムへの参加度よりも高い傾向が明らかとなり、個別性を活かしたレクリエーション活動の重要性が示唆された。

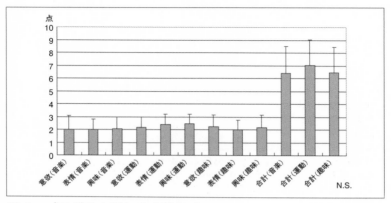

**図4　プログラム別にみた参加度**

出典: 涌井忠昭・堤雅恵・正木久美子・松本光江・高津智一・深井とみ子・中村晴美,
2007,「楽しいレクリエーション——あなたも私も今日は主役」『総合ケア』17（6）:
96-102.　筆者一部改変。

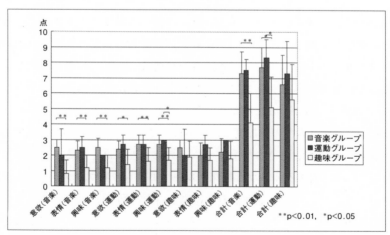

**図5　好きなプログラムごとに対象者をグルーピングした場合
　　　の参加度**

出典: 涌井忠昭・堤雅恵・正木久美子・松本光江・高津智一・深井とみ子・中村晴美,
2007,「楽しいレクリエーション——あなたも私も今日は主役」『総合ケア』17（6）:
96-102.　筆者一部改変。

## 4.　全国福祉レクリエーション・ネットワークの取り組み

　全国福祉レクリエーション・ネットワーク[25]とは、すべての人の豊かな生活の実現をめざし、会員相互の連携を基盤として、福祉レクリエーション運動を推進することを目的として、1996年に設立された。現在の事業内容は、①ニュースレターの発行、②福祉レクリエーション・フォーラム（年に1回開催）、日本レクリエーション協会が主催する全国レクリエーション大会における研究フォーラムの企画・運営、福祉レクリエーション全国集会（全国レクリエーション大会時に開催）、地域ブロックセミナー（全国6ブロック）等である。なお、全国レクリエーション大会[26]とは、日本レクリエーション協会と開催地の都道府県レクリエーション協会等が主催する全国大会で、国民一人ひとりの幸福で豊かな生活の形成を目標としたレクリエーション運動の推進の一環として、生涯を通して楽しみ、喜びを味わえるレクリエーション活動を体験し、全国からの参加者と開催地住民との交流を図り、さらに全国各地および専門領域におけるレクリエーションに関する研究、実践の成果を結集することにより、今後の生涯スポーツ・生涯学習の振興とレクリエーション運動の活性化に資することを目的に年1回、都道府県持ち回りで開催されている。

　全国福祉レクリエーション・ネットワークは、レクリエーションの社会的認知を高めることを目的に、2013年の全国レクリエーション大会における研究フォーラムの企画から、レクリエーション活動におけるエビデンスをテーマにフォーラムを開催している。2013年以降のテーマは次のとおりである。

2013年: レク支援のエビデンスを確立するための具体的取り組みの事例紹介

2014年: 福祉レクリエーション実践研究の具体的方法〜研究発表のまとめ方を学ぼう〜

2015年: 「記録は金なり」〜社会的認知を高めるための実践記録用紙の使い方〜

2016年: 研究者が必要とする福祉レクリエーションの実践データとは何か

2017年:「福祉現場のレクリエーション実践を科学する」

2018年:「福祉レクリエーション実践研究のテーマと方法」

2019年: 初めての研究発表〜研究レポートのまとめ方〜

　また、2018年の高知県で開催された全国レクリエーション大会から、ポスター発表を導入している。今後もレクリエーション活動におけるエビデンスの蓄積に期待したい。


## 第6節　おわりに

　本稿では、福祉の視点からレクリエーションについて述べてきた。

　レクリエーションは、福祉サービス利用者の「よりよい生活」に欠かせず、暮らしにおける遊びやゆとりは、生活を活性化させる。また、衣食住といった生活のある一面がレクリエーションとして機能する「生活のレクリエーション化」と、すでに存在している多様な活動のなかから興味・関心のある活動を生活に根づかせ、継続的に楽しむ「レクリエーションの生活化」の相互作用によって、QOLは向上する。私たちは、レクリエーション活動を通じて心身をつくり直し、健康と健幸を保持している。

　特別養護老人ホームなどの介護の現場では、福祉サービス利用者のQOLの向上を目指してレクリエーションが行われており[1]、主に介護職員が担当している[2]。しかし、介護福祉士養成において、「レクリエーション活動援助法」の科目は廃止された。

　福祉サービス利用者に対して、質の高い、最適なレクリエーションを支援するためには、レクリエーションに関するさらなる学習時間が必要と考える。さらに、レクリエーション活動の効果を広く社会に周知することができれば、レクリエーションに対する社会的認知は高まり、レクリエーションの価値や意義に気づくはずだ。

　この原稿を書いている現在（2020年7月）、新型コロナウイルスが世界中に蔓延している。レクリエーション活動は、いわゆる3密（密閉、密集、密

接）のうち、密集、密接な場面が多い。新しい生活様式におけるレクリエーション活動は果たしてどのようなものになるのか。

　また、新たな課題が浮上してきた。

**文献**

1）涌井忠昭，1994，「老人ホームにおける行事、サークル活動およびレクリエーション活動の現状」『宇部短期大学学術報告』31（1）: 55-62.

2）原田秀子・堤雅恵・澄川桂子・涌井忠昭・小林敏生，2008，「要介護高齢者を対象としたアクティビティケアにおける担当職種の望ましい役割分担の検討」『山口県立大学看護栄養学部紀要』創刊号: 43-49.

3）垣内芳子，1989，「社会福祉におけるレクリエーションの捉え方」（財）日本レクリエーション協会編，『福祉レクリエーションの実践』6.

4）藤井智，2017，「生活支援と介護予防」介護福祉士養成講座編集委員会編『新・介護福祉士養成講座6　生活支援技術Ⅰ（第4版）』: 52-54.

5）内閣府，2019，『令和元年度高齢者白書』ぎょうせい.

6）厚生労働省，2017，「認知症施策推進総合戦略（新オレンジプラン）——認知症高齢者等にやさしい地域づくりに向けて（概要）」
https://www.mhlw.go.jp/file/06-Seisakujouhou-12300000-Roukenkyoku/kaitei_orangeplan.pdf（参照日 2020年7月19日）

7）厚生省社会局監，（財）社会福祉振興・試験センター編，1988，『社会福祉士・介護福祉士関係法令通知集』第一法規，3.

8）西村洋子，2002，『介護福祉論』誠信書房，60.

9）厚生省社会局監，（財）社会福祉振興・試験センター編，1988，『社会福祉士・介護福祉士関係法令通知集』第一法規，160-161.

10）田島栄人，2013，「介護福祉士養成教育におけるレクリエーション学習について——新カリキュラム導入前後の変化と取組み」『甲子園短期大学紀要』31，85-89.

11）公益財団日本レクリエーション協会　ホームページ
https://recschoolstart.recreation.or.jp/about/（参照日 2020年7月24日）

12）厚生労働省，「介護人材の確保」
https://www.mhlw.go.jp/file/05-Shingikai-12601000-Seisakutoukatsukan-Sanjikanshitsu_Shakaihoshoutantou/0000075028.pdf（参照日 2020年7月24日）

13）（財）日本レクリエーション協会調査広報室編，1982，『レクリエーション指導の理論』（財）日本レクリエーション協会，29-30.

14）（公財）日本レクリエーション協会，2017，『楽しさをとおした心の元気づくり——レクリエーション支援の理論と方法』（公財）日本レクリエーション協会，6.

15）薗田碩哉・千葉和夫，1998，「領域別事業の展開」（財）日本レクリエーション協会編，レクリエーション運動の50年——日本レクリエーション協会五十年史，（財）日

本レクリエーション協会，196-197.

16）坂野公信，1998，「レクリエーション指導者の育成」（財）日本レクリエーション協会編『レクリエーション運動の50年——日本レクリエーション協会五十年史』（財）日本レクリエーション協会，151-153.

17）千葉和夫，2000，「福祉レクリエーションの黎明から現在まで」（財）日本レクリエーション協会監，薗田碩哉・千葉和夫・小池和幸・浮田千枝子編，『福祉レクリエーション総論』（財）日本レクリエーション協会，21.

18）公益財団日本レクリエーション協会　ホームページ．
https://www.recreation.jp/shikaku/top/list/rw（参照日 2020年7月24日）

19）Murray, H., Tajima, Y., Wakui, T., Wakano, T., Nagata, S., 2019, "Fukushi (Social Welfare) Recreation in Japan," *Therapeutic Recreation Journal*, LIII(3): 268-273.

20）社会福祉士受験対策研究会編，2000，『社会福祉士用語事典』棋苑図書，9.

21）堤雅恵・涌井忠昭・小林敏生・田中マキ子，2007，「要介護高齢者の興味・関心を考慮したアクティビティケアの効果——音楽・運動・趣味プログラム参加による睡眠・覚醒パターンへの影響」『老年看護学』12（1）: 101-108.

22）堤雅恵・田中マキ子・原田秀子・涌井忠昭・小林敏生，2007，「認知症高齢者を対象としたアクティビティケアの効果の検討——エネルギー消費量および対人交流時間からの分析」『山口県立大学社会福祉学部紀要』13: 65-71.

23）涌井忠昭・堤雅恵・正木久美子・松本光江・高津智一・深井とみ子・中村晴美，2007，「楽しいレクリエーション——あなたも私も今日は主役」『総合ケア』17（6）: 96-102.

24）草壁考治，1994，「対象者の目的、目標と評価（個人の評価）」（財）日本レクリエーション協会編『福祉レクリエーションの援助』（財）日本レクリエーション協会，183.

25）全国福祉レクリエーション・ネットワーク，1996，「全国福祉レクリエーション・ネットワーク規約」.

26）（公財）日本レクリエーション協会，2017，「第71回全国レクリエーション大会 in 北海道プログラム」8.

# 第4章 後期近代における「死にゆく過程」とスピリチュアルケアのあり方

村川 治彦

## 第1節 後期近代社会における死にゆく過程の発見

1970年代から欧米の thanatology や death studies に対応するものとして、日本においても「死生学」という言葉が用いられるようになった（島薗・竹内編 2008）。それは、西洋近代医学による死にゆく過程の医療化への反省として始まったホスピス運動が日本でも認知され、死のケアが医療者の関心を呼び起こした時と重なる。80年代以降、ホスピス運動だけでなく脳死による臓器移植の問題などにも触発され広がった死生学への関心は、この30年に大きな広がりをみせている。

この背景には、死の経験に関して戦後70年の間に日本社会に生じた大きな変化がある。統計がとられるようになった1951年には、自宅で亡くなる人が82.5％であったのに対し病院で亡くなる人は11.7％に過ぎなかった。しかし、高度経済成長期から病院で死ぬ人の割合は増え続け、1977年に病院死が自宅死を上回り、2005年には病院死が82.3％に達した。その後厚生労働省の施策によって病院死の割合は少しずつ減少しつつあるが、自宅ではなく病院で死を迎えることは、これまで日常生活の一部であった死にゆく過程が医療の管理下におかれ、専門の医療者に委ねられてきたことを意味する。病を治療し人を生かす技術として発展してきた西洋近代医学にとって「死にゆく過程」という概念はその範疇外であり、医療者以外の人々は、死にゆく過程を身近に経験することが減り、死にゆく人にどのように寄り添えばよいか、また自分自身が死をどのように迎えれば良いかを学ぶ機会を持てないままできた。この事態を島薗は、「医療化の進展により死生に関わる実践や観念が患者自身のものから医療システムの側へと奪われてきたと感じられている。そこで、それをどのように患者の側に取り戻すか、あるいは患者

の側が納得がいくものに変えていくかという関心が強まっているということでもある」と述べている（島薗・竹内編 2008）。

　こうした医療化の進展による死生に関わる問題の剥奪は、もちろん日本に限ったことではない。死の社会学の第一人者であるトニー・ウォルターは「死にゆくこと、東と西と」と題した講演のなかで、「すべての近代社会、高度に産業化した社会にかなり共通する事柄がいくつかあり、それらが、われわれがどのように死ぬのか、どのような原因で死ぬのか、死や死にゆくことをどう管理するのかに、重大な影響を与えている」と指摘している（ウォルター 2014: 9）。こうした事柄の最大のものが西洋近代医学であることはいうまでもない。先に示した病院死の増加は世界的潮流であり、欧米の thanatology や日本の「死生学」の興隆の要因ともなった。こうした近代社会に共通の要因の一方で、それぞれの社会には固有の状況があり、それが「死にゆくパターン」に影響を与えているともウォルターは指摘しており、日本の場合その最たるものが世界に類例を見ないペースで進む高齢化の進展である。

　日本では戦後の第一次ベビーブームで生まれた団塊の世代が後期高齢者となる 2025 年には、3 人に一人が 65 歳以上、そして 5 人に一人が 75 歳以上というかつてない超高齢社会に突入する。社会学者小倉康嗣は、A・ギデンズや U・ベックらの再帰的近代論をベースに、急速に高齢化する日本社会の問題が、たんに「人々の寿命が伸び長生きする人が増えた社会」における「高齢者」という特定の人びとの限られた問題ではなく、「私たち一人ひとり（全世代）の『生き方』の問題」であることを次のように指摘している。

　　第一の近代化の成功によって、生活水準や医療水準が向上し、壮年期以降の平均寿命が急速に伸張し、恵まれた人だけではなくだれもが長生きできるようになった。だが、このような人生後半期の出現には、たんに人生時間が長くなったということ（量的変化）だけではない、深い意味（質的変化）がある。なぜならば人生後半期は、定年退職後や子育て役割終了後の時間の増大（いわゆる「役割無き役割（roleless role）」と

呼ばれる期間の長期化）といった具体的な経験から、「老」「病」「死」、さらに抽象的には「下降」「有限性」「喪失」「依存」「弱さ」「非合理性」といった経験に満ちみちているからである。それをここでは〈人生後半の意味地平〉と呼んでおこう。その地平は、人間の生（life）への新たな意味づけの生成契機をはらんではいるが、それは少なくとも、第一の近代化を推し進めた進歩・成長といった一本槍の物語では受けとめきれない地平である。この〈人生後半の意味地平〉が普遍化した社会、それが高齢社会なのである。（小倉　2013: 4）

　高齢社会においては、前期近代化のなかで無批判（無反省）に捉えられてきた諸前提を問い直す〈より深い次元での再帰性〉が働く。その結果、小倉のいう〈人生後半の意味地平〉において「人間の生（life）への新たな意味づけの生成契機」が浮上する。しかしながら、こうした後期近代が要求する再帰性は、たんなる自己反省やグローバルな市場経済の展開を背景とする新自由主義的思潮・政策のような表層的なレベルにとどまらない。なぜなら、そうした表層的な再帰性の拡張に過ぎないからだ。後期近代においては、そうした表層的な再帰性を超えて近代化の諸前提自体を根本的に問い直す〈より深い次元での再帰性〉が要請されると小倉は主張する。
　そうした〈より深い次元での再帰性〉の具体的な事例として小倉は、団塊の世代前後の 4 人の中年層へのインタビューから「人生後半期に向かうプロセスのなかで、「下降」「有限性」「喪失」「依存」「弱さ」「非合理生」を感受する葛藤経験や挫折経験、病や身体のままならなさの経験をとおして、機能合理化した社会から外れていく生を経験」するライフストーリーを紡ぎ出した（小倉　2006）。彼らに共通した「生産性に中心的価値をおく機能合理的な人間観」そのものの問い直しを小倉は次のようにまとめている。

　　（彼らの）その経験は、それまでの自己（そして社会）にとっては異質（＝非自己）な経験でありゆらぎであるけれども、それを自然（じねん）的な意味地平に取り込み、新たな自己（そして社会）の源泉として

捉えなおしていくような生の営みがそこにはあった。それは、機能合理的な一貫性というよりも、「非合理」なゆらぎの連続によって、文字どおり「生成」（「完成」や「定着」ではなく）していく人間存在のありようであった。（小倉 2013: 12）

　しかし、こうした人生後半期に向かうプロセスにおいて近代社会の機能合理的価値観では否定的な扱いを被る「下降」「有限性」「喪失」「依存」「弱さ」「非合理性」を取り込み、「新たな自己（そして社会）の源泉として捉えなおしていくような生の営み」を遂行するのは現実には容易ではない。なぜなら、そこにはギデンズがいう「経験の隔離」が浸透しているからだ。人間の生をより豊かにする「消費社会システム（たとえばアンチ・エイジング産業）や専門化された科学技術（たとえば医療技術や福祉技術）」は、その強力な働き故に「『生き方』や『生の意味』を問う機会となる病気や死、セクシュアリティや自然、逸脱といった経験を日常生活から制度的に隔離してしまい、生の『道徳的・実存的意味』を抑圧してしまう」（小倉 2013: 7）。

　一方、このように後期近代社会において高齢化が進展することは、「多くの人間が、いずれ自らの死が近いことを認識しながらゆっくりと歩む時間」（田代 2016）をもつことを意味することでもある。それは「遠くない将来に死を意識して生きる時間がくる」ことでもあり、「現代的な『死にゆく過程』の誕生」を引き起こした。その新たな「死にゆく過程」では、「生産性／生殖生に依拠した『大きな物語』による『存在論的安心感』は絶えず揺さぶられ」（田代 2016: 20）その結果「社会での一般的な『成功』を測る尺度はおろか、近代社会が前提とする直線的な時間意識さえ揺らぎ始める」（田代 2016: 164）。

　つまり、近代の消費社会システムによる「経験の隔離」が推し進められる一方で、高齢化によって生じる「死にゆく過程」は、「自分の死が近いことを認識している人間が、残された生をどう生きるべきかと思い悩むという実存的な課題」（田代 2016: 17）を先鋭化しているとも考えられるのだ。

　この現代的な「死にゆく過程」で生じる生き方の問題を、主に日本の緩和

ケア病棟や在宅ホスピスでの終末期ガン患者の経験に即して描きだし、田代志門は、死を一連の『プロセス』として捉えることの重要性を指摘したうえで「そのプロセスが同時並行的に複数のシナリオとして進行していること、さらにはそのプロセスのなかで、死にゆく者と遺される者との相互行為のみならず、死者との相互行為が重要な意味をもつ」（田代 2016: 163）ことを指摘している（田代 2016）。田代が示す「死にゆく過程」をとらえる 3 つの視点、1）プロセスとしての死、2）死にゆく過程の多層性、3）関係性としての死の 3 つについて、詳しく述べていく。

## 1．プロセスとしての死

病院死が通常となった日本の医療現場では、しばしば家族が臨終の瞬間に立ち会えるかどうかが強調されるが、こうした「『死ぬ瞬間』への過剰なこだわりは、死が病院化され、死にゆくプロセスを十分に共有しにくくなった時代にこそ生じる現象」（田代 2016: 159）であり、「死とは点ではなく、プロセスである」ことが忘れられている。「『死にゆく過程』はけっして『瞬間』ではなく、一連のプロセスであり、それはある程度の『幅』や『流れ』を持つものとして捉える必要がある」ことを田代は強調している。

## 2．死にゆく過程の多層性

このように死を瞬間ではなく生における一連のプロセスとして捉えることで、患者にとっての死にゆく過程が、死を意識して生きるだけの単純な過程ではなく、また生と死が二項対立ではなく重層的に絡み合っていることをあらためて想い起こすことができる。さらには、「自分の存在が、『死にゆく人』という一つの自己のあり方に追い込まれていくことへの違和感」（田代 2016: 103）を表明する患者の言葉からは、「自己というものがそもそも首尾一貫した整合性のあるものではなく、その『成り立ちが個々の場面に依存し、多元的である』」（田代 2016: 102）といった自己観が浮かび上がってくる。田代はそれを次のように描写している。

　　もちろん、死を意識せざるをえない状況にあることはいうまでもない。しかしそれは同時に、最後まで奇跡が起こるかもしれないという期待を保持し続ける過程であり、病気を忘れて家族や友人と良い時間を過ごす過程であり、時には何の目的もなくただいたずらに時間を浪費する過程でもある。そのそれぞれの局面において自己のあり方は多様であり、それは決して均一なものではない。（田代　2016: 103-104）

　そもそも「私たちは常に相反する複数の筋書きを同時に胸の内に抱き、その都度その一つを選びとっては、それを自分の人生として語っている」「同じエピソードが細部を変えて繰り返されたり、時にはまったく別の解釈を伴って提示されたりする場面に出会う」（田代　2016: 101）患者が表明するこうした多元的な自己は、ケアする側に「患者自身による個人史理解の可変性に着目することの重要性」（田代　2016: 160）を求め、「患者個人の固有性に配慮した看取りケアの実践は、その都度新たな本人理解に開かれている必要がある」（田代　2016: 160）といったこれまでの死のケアの教科書的な理解とは異なる臨床現場の現実に即した人間理解へと導いてくれる。

## 3.　関係性として死を捉える

　死にゆく過程にある患者が表現する自己が状況や相手によって変化するということは、またこの過程が根本的に関係的なものであることを示している。田代はそうした関係性を、1）死にゆく者と遺される者との関係性、2）死にゆく者と死者との関係性の二つに分け、それぞれが死にゆく過程において重要であることを指摘している。

　まず「自らの死に直面した人間にとって、病気の進行や死の不安だけではなく、『後に遺される者との関係』が主たる関心事となりえる」（田代　2016: 115）。特に「誰かが自分の『意思』を継いでくれること」は死にゆく人にとって重要な意味をもつことになるが、その際『受け継がれるもの』の意味は多義的であること、さらには継承の問題は遺す側と受け取る側の相互行為としてしか成立しえない」（田代　2016: 161-162）ことが問題となる。すなわ

ち「『遺すこと』は時として『目下の生』を手段化し、将来にわたって他者をコントロールしようとする方向へと展開していくことがある」のだ。死にゆく者は、自分が亡き後も自分の意思が実現されるようにさまざまな努力をするが、「そもそも多世代同居や職業・信仰の世襲を前提とすることができないような社会環境において、何であれ世代を超えた継承関係自体が危機的状況にある」（田代 2016: 108）時代において、そうした努力が必ず実を結ぶ保証はない。そこで、「継承性には、『受け継いでほしい』という願いとともに、『受け継ぐ側に委ねること』の承認という働きが含まれる」（田代 2016: 125）ことを受け入れ、最終的には『継承されるに値する生を生きる』ことを選択し、「『目下の生』こそが主題化され、将来の他者による継承は、もはや遣す側の『関知するところ』ではなくなる」（田代 2016: 125）ような「継承に関する理解の成熟」を要求することになる。

　一方、死にゆく者と死者との関係性として田代が注目するのが「お迎え」現象である。西洋近代医学のパラダイムにおいては一顧だにされない非科学的現象である「お迎え」は、清藤らの調査でも明らかにされたように、日本人にとっては身近な現象でもある（清藤ほか 2002）。田代は、「これらの体験が示しているのは、『あの世』の有無や様子がわからなくとも、死が近づいたときに、自分にとって近しい人が『向こう側』から手を差し伸べてくれることが、死にゆく者にとっては大きな慰めとなる」（田代 2016: 162）と積極的に評価している。「『お迎え』という用語を使用することは、たとえ個としての自分が消滅したとしても、自分もその一部である『家』が生き続ける、といった信念を強化しうる」（田代 2016: 150）ことにもなり、「死者との再会を『お迎え』と名付けることによって、死に関する強力な文化的資源とリンクすることが可能になっている」のだ。また、お迎えが「到来するものとしての死」であることから「自分の死をコントロールしようとする発想を緩和する働きを生み出している」（田代 2016: 153）ことも強調している。このように日本人にとっては、「死にゆく過程の核となる経験が、この世の仲間と別れ、先に亡くなった仲間の列に加わる、という『人間関係の組み替え』として生じている」（田代 2016: 163）ことを田代は示唆している。

　西洋近代医学の普及に伴い戦後長らく病院死が常態化していた日本の死の臨床現場では、後期近代化の高齢化が進展することで、それが「一見相矛盾するような価値観によって支えられている」ことが露呈してきた。そうした状態を田代は次のように述べている。

　　それは大前提として、死にゆく過程を当事者が主体的に生きることを要請しており、可能なかぎり本人の決定に委ねる、ということを一方で称揚している。ところが、実際の患者の体験を子細にみていくと、その過程では終局に向かえば向かうほど、本人が決定しえないことが多く立ち現れてくる。しかも、そうした『決められなさ』は単にネガティブな意味合いを持つものだけではない。そこには、ある意味では死の意味づけに関する「成熟」や「価値の転換」とも思えるような側面も含まれている。（田代　2016: 168）

　田代がいうようにこうした矛盾は、これまでの近代医学を支えてきた価値観だけでなく、欧米の死生観やホスピス緩和ケアの知見とも異なる日本の独自の状況をあぶり出しているという意味で必ずしも否定的なものではない。そこでは〈より深い次元での再帰性〉が働き、「生き方」や「生の意味」を問う機会となって「新たな自己（そして社会）の源泉として捉えなおしていくような生の営み」が進行しているとも考えられる。

　しかし最初に述べたように、戦後の医療化の進展によって医療者に過剰な負担がのしかかっている一方で、医療者以外の大多数の人々は死にゆく人にどのように寄り添えばよいか、また自分自身が死をどのように迎えれば良いかを学ぶ機会を失ってしまった。こうした死を巡る状況において注目されているのが、欧米のホスピス緩和ケアの現場でマインドフルネスと呼ばれる仏教の瞑想法を取り入れる動きである。次節では、そうしたマインドフルネスに基づく終末期ケアとしてジョアン・ハリファックス老師の立ち上げた「死にゆく人と共にあること（Being with Dying, 以下 BWD)」プログラムとそのエッセンスを凝縮した G.R.A.C.E プログラムの内容を紹介し、後期近代

において死を意識することで生の意味を問う術を再構築する道を探ってみたい。

## 第2節　後期近代における「死にゆく人と共にあること」
### ──マインドフルネスに基づく終末期ケア

　医療者が臨床の現場に瞑想を取り入れたのが、ジョン・カバット＝ジンのマインドフルネス・ストレス低減法（Mindfulness-Based Stress Reduction: MBSR）であると位置づけるなら、ハリファックス老師のプログラムは仏教の側から医療の領域へとアプローチした、いわば逆のベクトルを持ったプログラムだと言えるだろう。

　日本では社会の医療化が進み、亡くなる人の八割が病院で死を迎える時代となっている。超高齢化社会も相まって、臨床の現場で働く医師や看護師たちは、一晩に複数の患者を看取ることもあるという。2015年にハリファックスを招き開催された「G.R.A.C.E. ワークショップ in 奈良」でも、参加した医療従事者たち──医師、看護師、臨床心理士をはじめとする対人援助の専門家──は、皆それぞれに切実な悩みを抱えていた。

　死にゆく人々と共にあることは、プレッシャーを伴うという。緩和ケア病棟やホスピスで時間に追われて働いていると、丁寧にケアをしたいと思っていても、忙しすぎて余裕がない。夜間に二人も三人も連続して看取るのは精神的にも体力的にも辛い。患者さんやご家族からの要求に応え続けることにも疲労してしまう。そういった諸々の原因が積み重なって、ついには「そもそもこんなところでは働きたくなかった」という気持ちにさえなるという。

　医療従事者──とりわけ看護師──は感情労働と言われる職業である。感情労働とは感情が労働内容の不可欠な要素であり、かつ適切・不適切な感情がルール化されている労働のことをいう。

　彼らは「なんとかしたい、助けたい」と思う気持ちが強いだけに、実際助けられなかったときには大きな無力感、自己嫌悪にさいなまれ、生存者の罪悪感を感じるという。患者さんに対して十分なケアができなかったことは心

残りになり、彼らの心に長く残る傷となる。自分のケアのせいで亡くなったのではないかと悩み、正解がない仕事の難しさを感じることはバーンアウト（燃え尽き症候群）の原因ともなっている。

　そのような状況があるのは、医療というものが長らく医療者から患者の一方通行として考えられてきたこととも関連しているという。一方通行が共感疲労や治療のしすぎなどを生み、疲れの原因にもなっている。医療者は治療するだけではなく、癒し癒される双方向の関係を患者と築くことが大切なのではないか、そう問題提起する声も出てき始めている。

　看取り、看取られることは誰にとっても避けられない。医療従事者をケアし、バーンアウトしない環境、制度を作っていくことは、看取られる側にとってもよき死を迎えるために重要なことであろう。

　BWD は看取りの現場に従事する者のために、ジョアン・ハリファックス老師が構築した科学的なアプローチである。ジョアン・ハリファックス老師は禅僧であり、医療人類学者としても長いキャリアを持つ。彼女は韓国の嵩山禅師に学んだことをきっかけに仏教の実践に深く関わるようになり、ニューヨークで禅ピースメーカーズを主催するバーニー・グラスマン老師のもとで印可を受けた。その後、ティク・ナット・ハンからも法灯を受け継ぎ、ダライ・ラマをはじめ、チベット仏教からも多くの学びを受けている。

　彼女の「死にゆく者とともに」の取り組みのキャリアは、1972 年に精神科医でありトランスパーソナル心理学を創始した一人であるスタニスラフ・グロフとの協働作業に端を発する。グロフとともにメリーランド州の精神医学研究所で末期がん患者へのケアを始めた彼女は、以来、死にゆく人たちとその家族に協力を仰ぎながら、医療従事者や患者とその家族のよりよきケア——心理社会的ケア、倫理的ケア、精神的ケア——を模索し続けている。

　ハリファックス老師がニューメキシコ州のサンタフェに創設したウパヤ禅センターでは、その取り組みの集大成ともいうべき BWD が提供されている。そして BWD のエッセンスを凝縮して作られた短縮版プログラムが G.R.A.C.E. である。

## 1. G.R.A.C.E. とは

　医療人類学者であり仏教の師でもあるジョアン・ハリファックスは、1970
年代から死にゆく人のケアに携わり、1990 年にニューメキシコ州サンタ・
フェに設立したウパヤ禅センターを中心に、死にゆく人のケアに携わる専門
家のトレーニングを行ってきた。Being With Dying（BWD: 死にゆく過程
とともにあること）と呼ばれるこのトレーニングは 8 日間にわたる集中的な
プログラムで、仏教瞑想を基軸にヨガやカウンシルと呼ばれるグループワー
クを織り交ぜながら、ケアする自分自身のあり方や死生観について体験的に
探求するものとなっている[1]。

　G.R.A.C.E. は、この Being With Dying のエッセンスを最新の脳科学や認
知科学の成果に基づいて整理し、コンパッション（慈悲心・思いやり）[2]に
根ざしたケアのあり方を育むために構築された 2 泊 3 日のトレーニングプロ
グラムである。2014 年からハリファックス老師とジョン・ホプキンス大学
看護倫理学部のシンダ・ラシュトン教授、ワシントン州立大学の腫瘍学アン
トニー・バック教授によって指導されている。全体の構成は、G.R.A.C.E. そ
れぞれの頭文字をとった 5 つのパート（G: Gathering attention 注意を集中
させる、R: Recalling intention 動機と意図を想い起こす、A: Attunement
to self/other 自己と他者の思考、感情、感覚に気づきを向ける、C:
Considering what will serve 何が役に立つかを熟慮する、E: Engaging and
Ending 行動を起こし、終結させる）と、イントロダクションとまとめを含
めた 7 部で構成されている。

## 2. G.R.A.C.E. の基盤としての行為的コンパッションと ABIDE モデル

　G.R.A.C.E. はマインドフルネス瞑想を中心に行うが、その根底にコンパッ
ションを据えている。そのため G.R.A.C.E. では、まずコンパッションについ
ての重要な理論的観点が紹介される。ドイツのマックス・プランク研究所の
社会心理学者タニア・シンガーの社会神経科学的研究によれば、他者の感
情（喜びでも苦しみでも）に対する共感（empathy）には 2 つのあり方が混

在している。他者の苦しみに接したときに、否定的感情が過剰になり自らを守るために状況から身を引く状態（empathic distress）と、他者を助ける肯定的な感情を維持する状態（compassion）の混同が、援助者のバーンアウトにつながると考えられるのだ。タニア・シンガーたちの研究は、その違いを脳の機能部位の違いとして提示するとともに、その違いがトレーニングによって変化させうることを示した。これがG.R.A.C.E.の脳神経科学的な説明根拠になっている（Singer et al. 2014: 875-878）。

　ハリファックス老師は現代医学の領域で患者との関わりにおいてコンパッションに基づいた関係を築くうえで、従来のコンパッション理解を見直すことの重要性を次のように強調している。

　　　コンパッションとは、他者の経験に立ち会い、他者に心を配り、何が相手の役に立つのかを感じ取り、そしておそらく実際に役に立つことができる能力のことを意味すると考えられます。「他者の苦痛を気にかけ、その人の幸福を高めたいと願うときに経験する感情」（Leiberg et al 2011）と定義されることもあります。このように見れば、コンパッションには二つの主要な軸があると考えられます。苦痛を感じている人の世話をしたいという情緒的な思いと、その苦しみを軽減させようという動機の二つです（Hoffmann & Hinton 2011）。ただし、これはコンパッションに対する伝統的な見方であり、他の微妙なニュアンスの違いについて考慮に入れたものではありません（Halifax 2011: 146-153）。

　つまり、これまでコンパッションは、苦しんでいる人をケアしたいという感情と苦しみを取り除きたいという動機の二つの構成要素から成っていると考えられてきたが、こうした従来の定義には一定の限界があるとハリファックス老師は考えるのだ。特にこの考え方には、コンパッションを準備したり、高めたりするためには具体的に何をすればよいかが一切触れられていないからだ。そこでハリファックス老師は、コンパッションを何らかの心理的特質としてではなく、状況ごとにその内容は異なるが、生物として環境と相

互作用している一定のパターンに基づく行為的（エナクティブ）[3]なものと考えた。

　ハリファックス老師が提示する行為的コンパッションという観点では、コンパッションを本来コンパッション的ではないいくつかの要素の相互作用から生じると考える（Halifax 2012: 228-235）。そうしたコンパッションに関わる要素をハリファックス老師は、「注意（Attention）」と「感情（Affect）」のA/A軸、「動機・意図（Intention）」と「洞察（Insight）」のI/I軸、「身体性（Embodiment）」と「関わり（Engagement）」のE/E軸の3つの軸として整理した。

　A/A軸は、「注意」と「感情」という、精神のバランスを支える二つの互いに関連した領域を含むものである。A/A軸をなすひとつ目の要素である「注意」は、ある対象を心の中で処理する際の手段を割り当てることを意味する。「注意」は、コンパッションにとっての安定した基盤を形作るものであるが、「感情」によって歪められた形で付随して生じる可能性もある。「動機・意図」と「洞察」のI/I軸は、自らの「動機・意図」に従って心を導き、「洞察」というメタ認知的な観点や認識力を持つための連続性を維持することができる能力を表しており、コンパッションの認知的な次元を表現しているといえよう。「身体性」と「関わり」から成る三つ目のE/E軸は、実際の体験の持つ身体的なレベルという現実的な観点と、コンパッションが「関わり」というレベルを伴うという事実に関連している。これらの軸はいずれも相反するものではなく、共時的に現れるものであり、コンパッションはこれらがバランスよく保たれた状態で現れる創発的プロセスなのだ。このような捉え方をすることで、直接コンパッションを訓練することができなくても、3つの軸のバランスをとることでコンパッションを行為として実現することが可能になるとハリファックス老師は考え、この行為的コンパッションのモデルを、注意と感情（Attention and Affect）、バランス（Balance）、意図と洞察（Intention and Insight）、分別（Discernment）、身体性と関わり（Embodiment and Engagement）の頭文字をとり「行為的コンパッションのABIDE（遵守する）モデル」と名付けた。

## 3. G.R.A.C.E. の具体的なステップ

　この ABIDE モデルで明らかになった原理に基づいて開発されたのが
G.R.A.C.E. である。ストレスの多い状況で勤務する医療者が、G.R.A.C.E. と
いうシンプルで効果的な介入法を用いることによって、患者の体験に心を
開き、患者が苦痛の中心にいることを常に忘れずにいることができ、自ら
の信念に基づいた健康的なコンパッションを実現することが可能になる。
ABIDE モデルに基づく G.R.A.C.E. では、まず、自分がどこに注意を向け
ているかをあらためて確認するためにいったん立ち止まり、集中する。
（Gathering attention）そして、自分の動機・意図を想い起こす。（Recalling
intention）次に、自分の身体が何を感じているか、どのような気持ちを感じ
ているか、頭で何を考えているかに注意を向ける。その後に、相手（たと
えば患者や同僚）が考えていること、気持ち、感じていることを確認する。
（Attunement to self/other）こうした準備を整えたら、具体的行動に移る前
に、何をすることが本当に役立つかをあらためて熟慮する。この熟慮は専門
家としてのあらゆる観点を考慮することが含まれるが、それに限定されるも
のでもない。場合によっては A で確認した気づきをいったん手放すことも
必要かもしれない（Considering what will serve）。そして、相手にとって
良い結果を生み出すと判断される具体的な行動を起こし、その結果について
自分自身でもまた相手や関係者とも十分確認し、次の関係へと移っていく
（Engaging and Ending）。

　　Gathering attention（注意を集中させる）
　　　　A/A 軸―注意領域: 焦点化、グラウンディング、バランス
　　Recalling intention（動機・意図を想い起こす）
　　　　A/A 軸、I/I 軸―感情的／認知的領域: 動機／意図
　　Attunement to self/other（自己と他者の思考、感情、感覚に気づきを向ける）
　　　　A/A 軸―感情領域: 身体・感情・認知に気づきを向ける
　　Considering what will serve（何が役立つかを熟慮する）

　　　I/I 軸—認知領域: 洞察／認識—何が役立つかを熟慮する

　　Engaging and Ending（行動を起こし、終結させる）

　　　E/E 軸—身体領域: 倫理的な行動を起こし、関わりを終結させる

## G.　注意を集中させる（Gathering attention）

　G.R.A.C.E. の最初の段階（G）では、吸う息に注意を向けたり、床を踏みしめている足の感覚や椅子に腰掛けている坐骨の感覚といった特定の身体感覚に注意を向ける。注意を向ける先は他にも、患者とのポジティブなやり取りでも、家で寛いでいる静かな時間のことでも、自分にとって良き体験として思い起こせることでも良い。目を閉じて心を落ち着け、「背中をしっかりと強く、お腹は柔らかく Strong Back, Soft Front」と自分に言い聞かせてもよい。

　このGで大切なのは、身体感覚（sensation）に注意を向けることで、普段の行動パターンを穏やかに中断することにある。これによって多忙を極める医療者が、いったん立ち止まって自分の注意を何に集中させるべきかを自覚することができる。情報化社会では、医療、教育、政治、技術などが、私たちの注意を散漫にさせるように常に働きかけてくる。注意を集中させると同時に気づきをオープンにすることで、抑圧（repression）ではない落ち着き（equanimity）を取り戻し、智恵に根ざしたコンパッションへの道が開かれる。

　このとき、医療者は注意を一時的に患者から逸らし、自分の主観的体験に向け直すことになるが、今ここに集中し、安定して明確で思いやりに満ちた、決して乱されない、生き生きした存在のあり方を示すことは、自分自身だけでなく患者にとっても貴重な拠り所となるだろう（Lutz et al. 2009: 13418-13427）。

## R.　動機・意図を想い起こす（Recalling intention）

　G.R.A.C.E. の次のステップである（R）では、自分の動機・意図を想い起こすことで注意のバランスを取る。医療者は、患者の身心の健康と尊厳

を守り、保持するという医療者の使命という重要な動機・意図を想い起こすことになるが、医療者としての意図、モチベーション、意味づけをより深く探求することもこのステップに含まれている（Schmidt 2004: 7-14）。G.R.A.C.E. は、「どのような倫理的方向性をもっているかこそが意図を導く」という考えに基づいているが、講師の一人であるシンダ・ラシュトン教授は倫理について次のように述べている。

　　　倫理はあらかじめ決まった行動基準などではなく、何が正しいかを知っていることだけでは十分ではない。むしろ、一瞬一瞬の気づきと行為に根ざしたものであり、大事なのは間をとり静かに応えを待つこと。そのためには、地に足を着ける能力に意図を向ける。また何を大事にするか（what is valued）が意図を導くが、意図によって注意を取り戻すという意味でも G と R は循環している。

　G.R.A.C.E. の実習では、自分自身や他者に親切にしたり、そうしようと意図した経験に焦点をあてる。まず全体で慈しみの瞑想を行った後、誰かが自分を思いやってくれた時のことを思い出す。その時の親切にされた感じや思いやりの感情を意図の基盤とするのだ。そして、二人組になって互いに「コンパッションがなぜあなたの人生にとても大切なのかを理解するために、あなたについて私が知っておくべきことは何か、を教えてください」という問いかけを行う。その時に感じる状態や自分の姿勢をしっかりと自覚しておき、「意図」のベースにあるこうした感情や姿勢を自らのリソースとしてつかむ。医療者にとって、このように意図とその背後にある感情をはっきりと自覚することは、患者を援助するつもりが結果的に共依存状態に陥るような状況を防ぐうえでも大切である。

## A. 自己と他者の思考、感情、感覚に気づきを向ける（Attunement to self/other）

　G.R.A.C.E. の（A）は、自己と他者の思考、感情、感覚に気づきを向けることを意味する。このステップで気づきを向ける場合、まずは自分自身に、

それから患者や家族、あるいは同僚に向ける。よくあるように医療者が注意をまず患者に向けてしまうと、思考、感情、感覚において歪みが生じ、ありのままに患者を認識することが困難になってしまう。自分自身の思考や感情、感覚が、相手を知覚する際のバイアスになってしまうことがありうるのだ。

　「自己と他者の思考、感情、感覚に気づきを向ける」ステップで注意を向ける対象は、まず自分自身の身体的な感覚である。身体がどんなことを感じているかに気づき、自らの内臓の感覚や、今まさに体験している身体感覚を感知するのだ[4]。注意が感情の激流に飲まれると、注意に歪みがかかってしまうことがある（Todd et al. 2012; Fredrickson and Branigan 2005; Orther et al. 2007）。

　そして、注意とは、態度や行動にバイアスをかけることにもなりかねないような認知の流れや思考の影響も端的に受けてしまうものである。ここでバイアスをしっかりと認識できれば、再 - 評価のプロセスが活性化し、嫌忌したり何らかの判断を下したりすることなく、状況を再 - 認識あるいは再 - 構築し、対応することができるようになる。

　自己の身心への波長合わせは、注意の影響を受けており、確かさ、新鮮さ、持続を特徴とする、自らの注意の基盤に根ざしている。先述の通り、動機・意図においては、「語る自己」が善い行いへと方向付けられているが、自己の身心への波長合わせはまた、この動機・意図の影響をも受けることになる。

　こうした自己の身心への波長合わせを基礎として、患者の身心への波長合わせが始まる。このモデルでは、自己の身心への波長合わせがあってはじめて、共感や感情共鳴、知覚や認知の波長合わせ、患者の体の状態の感知や身体的な波長合わせにとっての基礎が与えられるのだ。

　具体的なエクササイズでは、感覚レベル、感情・情動レベル、それに思考・認知レベルの3つのレベルを明確に区別する。誰かと一緒にいてCompassion が必要とされた具体的な状況を思い浮かべ、この三つのレベルで、どのような気づきを抱くかを、自己と他者に分けて確認し、それを用紙

に書き出していく。

　このエクササイズは共感疲労（empathy distress）に陥りやすい日本の援助者には大切なものだが、日本人にとってこの３つの気づきのレベルをしっかり分けることができる説明が必要だろう。日本語では「思う」が「思考」と「感情」の両方を含み、また「感じる」が身体感覚と感情の両方を意味するので、ここをしっかりと区分けして気づきを分けられるような時間をとることが自他の境界をわけるうえでも大切だろう。

## C.　何が役に立つかを熟慮する（Considering what will serve）

　G.R.A.C.E. の（C）では、たんに思考や認知レベルで判断するのではなく、何が本当にこの患者や状況の役に立つかについて、先入観を捨て「からだ」にしっかりと根ざした直感や洞察から行動する。そのために医療者は、自分が置かれている状況や患者の背景に織り込まれている要素も考慮しておく必要がある。そうした要素には、医療機関からの期待や要求、患者が集中治療室で挿管を受けているといった環境的な影響、家族の期待、専門家間の連携の必要性などが含まれるだろう。これらのすべての糸が一つになって、この患者（あるいは家族や仲間や状況）にとって何が本当に役に立つかを熟慮するプロセスに影響している。

　何が役に立つかを熟慮するということは、ある意味では診断のプロセスとも言えるが、ここで必要なのは、医療者が、慣習的な医学的診断に基礎を置くだけでなく、直感や体験による学びに支えられたプロセスに積極的に関わることである。しかし、G.R.A.C.E. の（C）では、先を急いで結論に飛びつかないことを強調する。この洞察のプロセスは十分な時間をかけて行うことが必要でもあるのだ。注意と感情のバランス、道徳的な基礎や倫理的な要請に対する深い感覚が必要なだけでなく、患者の体験や要求に偏見なしに気づきを向けることが求められるからである。

　そのために、G.R.A.C.E. の（C）では「わかりません」と言う実習を行う。二人組になって行うこの実習では、コンパッションに基づく行動が求められていた患者や状況を思い浮かべ、「あなたは何を恐れていましたか？」

「あなたは何を望んでいましたか？」「あなたはどのくらいこの人を信頼していましたか？」「この人はどのくらいあなたを信頼していましたか？」「この人は何を望んでいましたか？」「この人には何が役に立ったでしょうか？」「この状況でどのような成果を生み出すことができたでしょうか？」といった質問にそれぞれ一呼吸置いて「わかりません」と応える。これらの質問に対して即座に浮かんでくる応えをいったん手放すことで初心に戻り、そこから生まれるスペースに沸き上がる洞察、直観に委ねるトレーニングとなっている。

## E.　行動する、終了する（Enacting, ending）

　G.R.A.C.E は前半の GRA と後半の CE に分けることができる。前半は、（G）注意を身体感覚に向けしっかりと地に足をつけ、（R）自らの意図を確認し、（A）自己と他者に気づきを向けることであった。後半の（C）（E）ではこの3つのステップに基づいて、医療者として（C）本当に何が役に立つかをしっかりと見極め、それを（E）実践し終結させる。

　G.R.A.C.E. の（E）は、さらに二つの段階から構成されており、まず（G）から（A）に基づいた（C）に則ってコンパッションに基づく行動を起こす。これが、G.R.A.C.E. の（E）の第一段階であり、ここでは他者に奉仕し、コンパッションな行動を実践することに専念する。行動を起こすことに続く（E）の第二段階では、行動ををそのまま進行させつつ、次の新たな関係へと移るために最終的にそのやり取りを終わりに導いていく。いかなる行動もお互いに影響しあう以上、その行動が良い結果に終わるためには、G.R.A.C.E. に基づいたやり取りの過程で明らかになったことを自分自身はもとより相手との間でもしっかりと確認することが必要である。

　最後に、G.R.A.C.E. では各ステップが直線的・段階的なものではなく繰り返し行われることが強調される。もちろん、忙しい臨床現場でこうしたプロセスを実践することはとても難しいだろう。臨床をしていると、しばしば、「反省的に立ち止まる」という時間を取らずに、患者のアセスメントに直接飛び込んでしまうことがある。そうした場合には、臨床的なアセスメントの

前に一呼吸を置いてしっかりと注意を身体感覚に向け、自らの信条や倫理を確認すると同時に、自分の持っている偏見を見つめ、患者が体験していることを内側から感じるようにする。こうしたステップは最初時間がかかるものだが、実践を積むうちにかなり敏速に進むようになり、場合によっては自動的に起こるようになる。G.R.A.C.E. のプロセスに沿うことによって、医療者は自らを省りみる時間をもち、そこで健康的で安定した信条に基づくコンパッションのための基礎を得られるはずである。

　以上のように、G.R.A.C.E. の各要素は、医療者が立ち止まり、患者との相互作用のプロセスにおいてよりマインドフルに、より意識的になることによって、コンパッションを作動させていくことを可能にするものである。もちろん、G.R.A.C.E. を日々のやり取りの中で用いることも可能であるし、また個人が自分の人生でより多くのコンパッションを育んでいく際の力にもなるだろう。

**注**
1）BWD の内容については、「死にゆく人と共にあること――マインドフルネス終末期ケア」（ハリファックス 2015）を、効果に関する実証的研究は Impact of contemplative end of life training program: being with dying（Rushton, C. et.al. 2009）を参照。
2）コンパッション（compassion）という言葉は、ラテン語で共に（with）や一緒に（together）を意味する 'com' と苦しむこと（to suffer）を意味する 'pati' を起源とし、フランス語の compassion から英語になったものである。日本語で一般的な「慈悲」という言葉の英訳でもあり、慈しみや憐れみといった意味合いで用いられることが多いが、ハリフォックス（2015）において、監訳者である井上は、仏教における慈悲は、本来、慈悲喜捨（四無量心）の４つの徳目から構成されると述べている。慈（mettā: loving-kindness）は衆生に安らぎを与えたいと願う心、悲（karuṇā: compassion）は、衆生の苦しみを取り除きたいと願う心、喜（muditā: sympathetic joy）は衆生の喜びを共に喜ぶ心、捨（upekkha: equanimity）は偏りのない平静な心を意味している。本来 Loving-Kindness が「慈」に対応し、Compassion が「悲」に対応するが、英語の Compassion は、使用者によって、「慈」や「悲」を中心として、様々に組み合わされて用いられている。仏教思想の四無量心（慈悲喜捨）に基づく日本語の「慈悲」とはそのニュアンスが異なるため、日本の G.R.A.C.E. では敢えて日本語に訳さず「コンパッション」と表記している。
3）「行為的（エナクティブ）」という概念は、フランシスコ・ヴァレラ、エヴァン・トンプソン、エレノア・ロッシュ（Varela & Thompson & Rosch 1991）によって提示さ

れたもので、すべての生物は自らの環境との密接な相互作用において行為的に関わり、そこに意味を生み出す（sense-making）存在と考えられる（E. Thompson 2007. Thompson & Stapleton 2009）。

4）ここでいう身体感覚はユージン・ジェンドリン（Gendlin 1991）が開発したフォーカシングでいうフェルトセンスである。自らの体験に敏感になるということに関しては、タニア・シンガーが、アレキシサイミアという自閉症に関連する障害に関する研究で、その一端を明確に示している。シンガーの研究によれば、共感の経験では、内受容感覚が起きた時と同じ神経回路が活性化するという。共感的反応に関する彼女の発見からは、個人の感情の状態を示すのと脳の構造が、同じく他者の感情状態を共有する役割も演じていることがわかる。シンガーと同僚のライバーグは、共感の体験を説明するために感情の内受容感覚モデルを提案し、身体に対してマインドフルになることが共感能力を刺激しうることを示唆している（Singer & Leiberg 2009）。

## 初出一覧
本章各節は、以下にあげる各稿を一部改変したものである。
第 1 節
村川治彦，2019，「後期近代における『死にゆく過程』と東西の文化的自己」『関西大学東西学術研究所紀要』52: 93-107.
第 2 節
村川治彦，2018，「G.R.A.C.E.——コンパッションに基づくケアのためのトレーニング」『Cancer Board Square』医学書院，4（1）: 70-75.

## 参考文献

Fredrickson, B. L., & Branigan, C., 2005, "Positive emotions broaden the scope of attention and thought-action repertoires," *Cognition and Emotion*, 19: 313-332. PMid:21852891.

Gendlin, E.T., 1991, "Thinking beyond patterns: body, language and situations," B. den Ouden & M. Moen (Eds.), *The presence of feeling in thought*, New York: Peter Lang, 25-151.

Green, C., 2012, "Nursing intuition: a valid form of knowledge," *Nursing Philosophy*, 13(2): 98-111. doi:10.1111/j.1466-769X.2011.00507.x.

Hofmann, S.G., Grossman, P., & Hinton, D.E., 2011, "Loving-kindness and compassion meditation: Potential for psychological interventions," *Clinical Psychology Review*, 31: 1126-1132. PMid:21840289.

ハリファックス，J.，井上ウィマラ（監訳），中川吉晴他（訳），2015『死にゆく人と共にあること——マインドフルネスによる終末期ケア』春秋社.

Halifax, J., 2011, "The precious necessity of compassion," *Journal of Pain and Symptom Management*, 41: 146-153. PMid:21123027.

Halifax, J., 2012, "A heuristic model of enactive compassion," *Current Opinion in Supportive and Palliative Care*, 6: 228-235. PMid:22469669.

清藤大輔・板橋政子・岡部健，2002，「仙台近郊圏における『お迎え』現象の示唆するもの――在宅ホスピス実践の場から」『緩和医療学』4: 1.

Leiberg, S., Klimecki, O., Singer, T., "Short-term compassion training increases prosocial behavior in a newly developed prosocial game," *PLoS One*, 6: e17798. doi:10.1371/journal.pone.0017798.

Lutz, A., Slagter, H.A., Rawlings, N.B., Francis, A.D., Greischar, L.L., & Davidson, R.J., 2009, "Mental training enhances attentional stability: Neural and behavioral evidence," *The Journal of Neuroscience*, 29: 13418 -13427.PMid:19846729.

Marsh, A.A., 2012, "Empathy and compassion: A cognitive neuroscience perspective," J. Decety (Ed.), *Empathy: From bench to bedside*. (pp. 191-205). Cambridge, MA: MIT Press; 2012.

小倉康嗣，2006，『高齢化社会と日本人の生き方』慶應義塾大学出版会.

小倉康嗣，2013，「エイジングの再発見と『生きる意味』: 第二の近代のなかで」『三田社会学』18: 3-23.

Ortner, C.N.M., Kilner, S.J., & Zelazo, P.D., 2007, "Mindfulness meditation and reduced emotional interference on a cognitive task," *Motivation and Emotion*, 31: 271-283.

Pennebaker, J.W., 2000, "Telling stories: The health benefits of narrative," *Literature and Medicine*, 19: 3-18. PMid:10824309.

Rushton, C., Sellers, D. E., Heller, K. D., Spring B., Dossey, B. M., & Halifax, J., 2009., "Impact of contemplative end of life training program: being with dying," *Palliative and Supportive Care*, 7(4): 405-414. PMid:19939303

Rushton, C. H., Penticuff, J. H., A framework for analysis of ethical dilemmas in critical care nursing," *AACN Advanced Critical Care*, 8(3): 323-328.

Schmidt, S., 2004, "Mindfulness and healing intention: concepts, practice, and research evaluation," *Journal of Alternative & Complementary Medicine*, 10: 7-14.

島薗進・竹内整一編，2008，『死生学Ⅰ　死生学とは何か』東京大学出版会.

Singer, T and Klimecki, Olga M., 2014, "Empathy and compassion," *Current Biology*, 24(18): 875-878.

Singer, T., Leiberg, S., 2009, "Sharing the emotions of others: The neural bases of empathy," Gazzaniga, M. S., *The Cognitive Neurosciences*. Cambridge, MA, 971-984.

田代志門，2016，『死にゆく過程を生きる――終末期がん患者の経験の社会学』世界思想社.

Thompson, E., 2007, *Mind in life: Biology, phenomenology, and the sciences of mind*. Cambridge, MA: Harvard University Press.

Thompson, E., Stapleton, M., 2009, *Making sense of sense-making: Reflections on enactive and extended mind theories*. Topoi.

Todd, R. M., Cunningham, W. A., Anderson, A. K., Thompson, E., 2012, "Affect-biased attention as emotion regulation," *Trends in Cognitive Sciences*, 16(7): 365-372. PMid:22717469.

Varela, F.J., Thompson, E., Rosch, E., 1991, *The embodied mind: cognitive science and human experience.* Cambridge, MA: MIT Press.

ウォルター，トニー，2014，「死にゆくこと，東と西と」『死生学・応用倫理研究』21: 9.

# 第Ⅱ部
# 次世代の子どもたちを育てる
## ──人間健康学を反映・継承した福祉制度設計へ──

# 第5章　新しい社会的養育ビジョンの背景とその実現のための課題

——代替養育のあり方を中心に——

山縣　文治

## 第1節　本稿の目的

　2017年8月、厚生労働省子ども家庭局に設置されていた「新たな社会的養育の在り方に関する検討会」（座長: 奥山眞紀子）は、「新しい社会的養育ビジョン」（新たな社会的養育の在り方に関する検討会 2017: 以下、見出し以外は原則、「ビジョン」と記す）をとりまとめた。このビジョンは、2016年5月に改正された児童福祉法（以下、原則「改正児童福祉法」）の理念を具体化するため、2011年にとりまとめられ、社会的養護施策推進のメルクマールとなっていた「社会的養護の課題と将来像」（児童養護施設等の社会的養護の課題に関する検討委員会・社会保障審議会児童部会社会的養護専門委員会 2011）を全面的に見直したものである。

　ビジョンは、在宅での支援、社会的養護、養子縁組など、社会的養育分野の課題と改革の具体的な方向性を網羅している。とりわけ、社会的養護に関する目標値が従来のものを大きく上回っており、児童相談所や社会的養護関係施設の関係者の一部からは、実現性、内容面およびこれまでの実践現場への評価などの視点から、厳しい批判を受けるものとなった。

　本稿では、このビジョンがどのような背景のもとで作成されたのか、また、これを子どもの最善の利益の視点から実現するには、どのような取り組みが必要なのかを検討する。


## 第2節　新しい社会的養育ビジョンの背景: 国際的視点

　目的にも示したように、ビジョンは、改正児童福祉法のうち、主として社

会的養育にかかわる内容を具体化することを目的として策定されたものである。では、この改正はなぜ行われることとなったのか。その背景には、子どもの権利条約とそれに関連する子どもの権利委員会等の動きがある。

## 1. 子どもの権利条約と社会的養護

子どもの権利条約で社会的養護に最も関連する条文は第9条第1項、第18条第2項および第20条である（表1: 外務省）。

### 表1　子どもの権利条約における社会的養護関連規定

【第9条第1項】
　締約国は、児童がその父母の意思に反してその父母から分離されないことを確保する。ただし、権限のある当局が司法の審査に従うことを条件として適用のある法律及び手続に従いその分離が児童の最善の利益のために必要であると決定する場合は、この限りでない。このような決定は、父母が児童を虐待し若しくは放置する場合又は父母が別居しており児童の居住地を決定しなければならない場合のような特定の場合において必要となることがある。

【第18条第2項】
　締約国は、この条約に定める権利を保障し及び促進するため、父母及び法定保護者が児童の養育についての責任を遂行するに当たりこれらの者に対して適当な援助を与えるものとし、また、児童の養護のための施設、設備及び役務の提供の発展を確保する。

【第20条】
　1　一時的若しくは恒久的にその家庭環境を奪われた児童又は児童自身の最善の利益にかんがみその家庭環境にとどまることが認められない児童は、国が与える特別の保護及び援助を受ける権利を有する。
　2　締約国は、自国の国内法に従い、1の児童のための代替的な監護を確保する。
　3　2の監護には、特に、里親委託、イスラム法のカファーラ、養子縁組又は必要な場合には児童の監護のための適当な施設への収容を含むことができる。解決策の検討に当たっては、児童の養育において継続性が望ましいこと並びに児童の種族的、宗教的、文化的及び言語的な背景について、十分な考慮を払うものとする。

　第 9 条第 1 項では、子どもが保護者のもとで養育されることを原則としつつも、虐待などによって子どもの最善の利益が脅かされている場合には分離されることもあることを規定している。

　第 18 条第 2 項では、国に対して、保護者が子どもを養育できるような援助を義務づけている。さらに、分離が必要である場合には、その生活場所とサービスの提供の確保を求めている。

　最後の第 20 条は、分離が必要になった場合の対応のあり方を規定するものである。ここでは、社会的養護の優先順位について、里親もしくは養子縁組を原則とし、「必要な場合」には施設養護としており、施設養護と、養子縁組を含む家庭養護とが、対等な関係ではないことが示されている。

## 2. 子どもの代替的養護に関する国連指針

　国連人権に関する第 3 委員会は、代替的養護に関する指針の作成を試み、2008 年にとりまとめた。これが、翌 2009 年に第 65 回全体会議で採択され、発効となった。

　この指針において、前項で指摘した子どもの権利条約の規定に関連する内容のうち、主なものを抽出したのが**表 2**（厚生労働省 2011）である。

　この指針では、子どもを保護者から分離することは最終手段と見なすべきであり、そうならないための支援策が必要であること、また、たとえ分離したとしても、それが一時的、短期的であるという考え方を示している。

　また、代替的養護は、脱施設化方針のもとに進めるべきであり、とりわけ 3 歳未満児については、里親が望ましいという意見があったことが紹介されている。

　保護者のもとへの復帰が困難な場合の対応は、まず養子縁組を考えるべきであり、それが困難な場合には、里親あるいは適切な環境の施設とされている。適切な環境の施設とは、施設自体が小規模で、かつケア単位も少人数であるものをさす。

　世界でもいち早く小規模ケアの取り組みを進めてきた SOS 子どもの村は、この指針の解説書を公刊しているが、そこでは、これらの

内容について、詳細にコメントしている（SOS Children's Villages International 2013）。

### 表2　子どもの代替的養護に関する国連指針における社会的養護のあり方に関する規定（抄）

14. 児童を家族の養護から離脱させることは最終手段とみなされるべきであり、可能であれば一時的な措置であるべきであり、できる限り短期間であるべきである。離脱の決定は定期的に見直されるべきであり、離脱の根本原因が解決され又は解消した場合、下記第49項で予定される評価に沿って、児童を親の養護下に戻すことが児童の最善の利益にかなうと判断すべきである。

22. 専門家の有力な意見によれば、幼い児童、特に3歳未満の児童の代替的養護は家庭を基本とした環境で提供されるべきである。

23. 施設養護と家庭を基本とする養護とが相互に補完しつつ児童のニーズを満たしていることを認識しつつも、大規模な施設養護が残存する現状において、かかる施設の進歩的な廃止を視野に入れた、明確な目標及び目的を持つ全体的な脱施設化方針に照らした上で、代替策は発展すべきである。

33. 各国は、親の児童に対する養護能力を高め強化することを目的とした、一貫しており相互に補強し合うような家族指向の政策を策定及び実施すべきである。

123. 施設養護を提供する施設は、児童の権利とニーズが考慮された小規模で、可能な限り家庭や少人数グループに近い環境にあるべきである。当該施設の目標は通常、一時的な養護を提供すること、及び児童の家庭への復帰に積極的に貢献することであり、これが不可能な場合は、必要に応じて例えば養子縁組又はイスラム法のカファーラなどを通じて、代替的な家族環境における安定した養護を確保することであるべきである。

161. 家庭への復帰が、適切な期間内に行い得ないと判明し、又は児童の最善の利益に反するとみなされる場合、養子縁組又はイスラム法のカファーラなどの安定した最終的な解決策を想定すべきである。これも不可能な場合、里親による養護又は適切な施設養護（グループホーム及びその他の監督つきの居住を含む）などのその他の長期的な選択肢を検討すべきである。

## 3.　子どもの権利委員会総括所見

子どもの権利条約には、「条約において負う義務の履行の達成に関する締

## 表3　子どもの権利委員会第3回総括所見（抄）

7.　委員会は、締約国が行った努力を歓迎するが、その多くが十分に実施されておらず、またはまったく対応されていないことを遺憾に思う。委員会は、本文書において、これらの懸念と勧告を繰り返す。

48.　委員会は、締約国に対し以下を強く勧告する；

　(a)　家庭及びその代替的監護環境を含む全ての環境における、体罰及び児童の品位を下げるあらゆる形態の扱いを法律により明示的に禁止すること、

　(b)　全ての環境において、体罰の禁止を効果的に行うこと、

　(c)　家族、教師、児童とともに又は児童のために働くその他の職業的従事者に対し、代替の非暴力的形態によるしつけについての教育を行うための、キャンペーンを含む広報プログラムを実施すること。

52.　委員会は、親の養護のない児童を対象とする家族基盤型の代替的児童養護についての政策の不足、家族による養護から引き離された児童数の増加、小規模で家族型の養護を提供する取組にかかわらず多くの施設の不十分な基準、代替児童養護施設において広く虐待が行われているとの報告に懸念を有する。

53.　委員会は条約第18条に照らし、締約国に以下を勧告する；

　(a)　里親か小規模なグループ施設のような家族型環境において児童を養護すること、

　(b)　里親制度を含め、代替的監護環境の質を定期的に監視し、全ての監護環境が適切な最低基準を満たしていることを確保する手段を講じること、

　(c)　代替的監護環境下における児童虐待について責任ある者を捜査、訴追し、適当な場合には虐待の被害者が通報手続、カウンセリング、医療ケア及びその他の回復支援にアクセスできるよう確保すること、

　(d)　全ての里親に財政的支援がされるよう確保すること、

　(e)　児童の代替的監護に関する国連ガイドライン*を考慮すること。

　　本文で「子どもの代替的養護に関する国連指針」と表記したものと同一であるが、**表3**は外務省訳を採用している。

約国による進捗の状況を審査するため、児童の権利に関する委員会を設置する」（第43条第1項）という規定がある。児童の権利に関する委員会（以下、「子どもの権利委員会」）は、締約国から原則5年ごとに報告を受け、相互のやりとりを経て、それぞれの国の子どもの権利状況について総括所見を示す。

　これに基づき、日本は、改正児童福祉法以前に、3回の総括所見を受けていた（第1回: 1998、第2回: 2004、第3回: 2010）。**表3**は、改正児童福祉法に直接影響を与えた第3回総括所見のなかから、社会的養護に関連する主な内容を抽出したものである。

　ここでは、家族基盤型の代替的養護（筆者注: 家庭養護）の確保、小規模で家族型の養護（筆者注: 施設養護における家庭的養護）のさらなる推進、子どもの代替的養護に関する国連指針の考慮などを求めている。

## 4．子どもの権利条約が日本に求めているもの

　憲法と条約の関係については、条約優位説と憲法優位説とがあるが、日本では、憲法第98条を根拠に、憲法優位説がとられている。一方、条約と国内法の関係については、一元論（国際法優位説）と二元論（等位説）があるが、現在では一元論が一般的である（衆議院憲法調査会事務局 2014）。したがって、子どもの権利条約締約国である日本は、子どもの権利条約に合わせた国内法の改正が求められることになる。また、この条約に基づく、子ども

（筆者作成）

**図1　子どもの権利条約および子どもの代替的養護に関する国連指針における社会的養護の基本的な考え方**

の代替的養護に関する国連指針および子どもの権利委員会の総括所見は、これと同等の意味をもつことになる。

　子どもの権利条約および子どもの代替的養護に関する国連指針における社会的養護の基本的な考え方は、**図1**のように整理できる。図中の○付き数字で示した枠組みは、下位分類がないもので、実際の枠組みは①〜④の4段階となる。

　すなわち、まずは、保護者による家庭での養育が実現できるような支援を実施すること（①）、それが適当でない場合には、里親もしくは小規模で家族型の養護（小規模住居型児童養育事業：ファミリーグループホーム）などの家庭養護を提供すること（②）、さらにそれが適当でない場合には、小規模グループケアのような家族型環境の家庭的養護（③）で対応するということである。④の大規模施設養護については、脱施設化とその終焉を求めており、長期的な選択肢としては認められていない。

　さらに、②および③の対応についても、一時的、短期的であるべきとされ、保護者による家庭での養育が実現できるような回復的ケアに取り組むことを求めている。それが困難な場合、養子縁組などのパーマネンシー保障ということで、②および③がゴールではないことも示されている。

　また、子どもの権利委員会の第3回までの総括所見を含めて考えると、日本には、**表4**のような取り組みが求められることになる。

## 表4　日本における8つの取り組み課題

1. 在宅福祉・地域福祉重視
2. 一時的ケア・短期ケア重視
3. 家庭養護重視
4. 施設の小規模化の推進
5. 親子関係の回復的支援もしくは養子縁組によるパーマネンシー保障
6. 社会的養護における人権擁護
7. 子どもの意見の尊重
8. サービスの質の管理

## 第3節　新しい社会的養育ビジョンにかかわる児童福祉法改正（2016）のステップと内容

### 1. 児童福祉法改正に向けての第1ステップ

　表3に示すように、子どもの権利委員会の評価は、「締約国が行った努力を歓迎するが、その多くが十分に実施されておらず、またはまったく対応されていないことを遺憾に思う。委員会は、本文書において、これらの懸念と勧告を繰り返す」という非常に厳しいものであった。

　このような状況のなかで、社会保障審議会児童部会社会的養護専門委員会（第10回、2010年12月）において、「社会的養護の見直しについて」の議論が始まった。また、この内実を議論するため、現場の関係者を中心に、児童養護施設等の社会的養護の課題に関する検討委員会が2011年1月に開催され、両者が相互にフィードバックしながら社会的養護のあり方を検討した。

　「社会的養護の課題と将来像」（2011年7月）は、この検討の結果であり、両者の連名で公表された。この報告書では、「今後、10数年をかけて、(a)おおむね3分の1を里親およびファミリーホーム、(b)おおむね3分の1をグループホーム、(c)おおむね3分の1を本体施設（児童養護施設はすべて小規模ケア）」という提言がされている。

　この提言を踏まえ、2011年3月には、「里親委託ガイドラインについて」が発出され、里親委託優先の原則が明示されるとともに、2012年3月には、児童養護施設、乳児院、児童自立支援施設、情緒障害児短期治療施設（現、児童心理治療施設）、母子生活支援施設、里親およびファミリーホームについて、運営指針（里親およびファミリーホームは養育指針）が示され、これに基づいて第3者評価が実施されることになった。なお、自立援助ホームについても、2015年4月に運営指針が発表されている。また、児童福祉施設の設備および運営に関する基準の改正も併行して進められた。

### 2. 児童福祉法改正に向けての第2ステップ

　児童福祉法は、社会的養護に限らず、広く子どもの福祉にかかわる内容を

包含するものである。この時期、国では、子ども・子育て支援新制度と称する、主として就学前の子育て支援制度にかかわる検討を進め、2015 年 4 月から本格実施となっていた。

そこで、国では、社会保障審議会児童部会のもとに、新たな子ども家庭福祉のあり方に関する専門委員会を設置し（2015 年 9 月）、広く子ども家庭福

**表5　新たな子ども家庭福祉のあり方に関する専門委員会報告（提言）**

【基本的な考え方】
 1. 子どもの権利の明確な位置付け
 2. 家庭支援の強化すなわち子ども虐待の予防的観点の明確化
 3. 国・都道府県・市区町村の責任と役割の明確化
 4. 基礎自治体（市区町村）の基盤強化と地域における支援機能の拡大
 5. 各関係機関の役割の明確化と機能強化
 6. 子どもへの適切なケアの保障
 7. 継続的な支援と自立の保障
 8. 司法関与と法的・制度的枠組みの強化
 9. 職員の専門性の確保・向上と配置数の増加
【新たな子ども家庭福祉に関する見直しの要点】
 1. 就学前の保育・教育の質の向上
 2. 市区町村における地域子ども家庭支援拠点の整備
 3. 通所・在宅支援の積極的実施
 4. 母子保健における虐待予防の法的裏付け
 5. 特定妊婦等への支援
 6. 児童相談所を設置する自治体の拡大
 7. 児童相談所の強化のための機能分化
 8. 子ども家庭福祉への司法関与の整備
 9. 子ども家庭福祉に関する評価制度の構築
【職員の専門性の向上】
 1. 子ども家庭福祉を担う職員の配置・任用要件
 2. 子ども家庭福祉を担う指導的職員の資格のあり方
【社会的養護の充実強化と継続的な自立支援システムの構築】
 1. 里親制度の充実強化
 2. 就学前の子どもの代替的養育の原則
 3. 特別養子縁組制度の利用促進のために必要な措置
 4. 施設ケアの充実強化
 5. 社会的養護の対象となった子ども等に対する自立支援のあり方

社のあり方を検討した。その結果が、「新たな子ども家庭福祉のあり方に関する専門委員会報告（提言）」（2016年3月）である。

この提言のポイントは、**表5**に示す通りである。

## 3. 改正児童福祉法

新たな子ども家庭福祉のあり方に関する専門委員会による提言をベースに、2016年5月児童福祉法等が改正された。改正のポイントは、①児童福祉法の理念の明確化等（児童の福祉を保障するための原理の明確化、家庭と同様の環境における養育の推進、国・地方公共団体の役割・責務の明確化、しつけを名目とした子ども虐待の防止）、②子ども虐待の発生予防（子育て世代包括支援センターの法定化、支援を要する妊婦等に関する情報提供、母子保健施策を通じた虐待予防等）、③子ども虐待発生時の迅速・的確な対応（市区町村における支援拠点の整備、市区町村の要保護児童対策地域協議会の機能強化、児童相談所設置自治体の拡大、児童相談所の体制強化、児童相談所の権限強化等、通告・相談窓口等）、④被虐待児童への自立支援（親子関係再構築支援、里親委託等の推進、18歳以上の者に対する支援の継続）、などである（厚生労働省 2016）。

改正児童福祉法における社会的養護施策のあり方については、第3条の2および第48条の3に、端的に示されている（**表6**）。

第3条の2は、保護者との分離のあり方を示している。条文では、①まずは分離しなくても対処できるような在宅支援を行うこと、②それが「困難である、または適当でない」場合には、家庭と同様の養育環境（家庭養護）において継続的に支援を行うこと、③さらにそれが「適当でない」場合には「できる限り良好な家庭的環境（施設養護）」で支援を行うこと、という分離の段階が示されている。施設養護については、家庭または家庭養護での養育が「適当でない」場合であり、かつ「できる限り良好な家庭的環境」であること、という2つの条件が付されている。

第48条の3は、親子の再統合に向けてのあり方を示している。その基本は、第3条の2で示した3つのステップについて、少なくとも一つ前の段階

**表6　改正児童福祉法における社会的養護施策**

　　第3条の2　国及び地方公共団体は、児童が家庭において心身ともに健やかに養育されるよう、児童の保護者を支援しなければならない。ただし、児童及びその保護者の心身の状況、これらの者の置かれている環境その他の状況を勘案し、児童を家庭において養育することが困難であり又は適当でない場合にあつては児童が家庭における養育環境と同様の養育環境において継続的に養育されるよう、児童を家庭及び当該養育環境において養育することが適当でない場合にあつては児童ができる限り良好な家庭的環境において養育されるよう、必要な措置を講じなければならない。

　　第48条の3　乳児院、児童養護施設、障害児入所施設、児童心理治療施設及び児童自立支援施設の長並びに小規模住居型児童養育事業を行う者及び里親は、当該施設に入所し、又は小規模住居型児童養育事業を行う者若しくは里親に委託された児童及びその保護者に対して、市町村、児童相談所、児童家庭支援センター、教育機関、医療機関その他の関係機関との緊密な連携を図りつつ、親子の再統合のための支援その他の当該児童が家庭（家庭における養育環境と同様の養育環境及び良好な家庭的環境を含む。）で養育されるために必要な措置を採らなければならない。

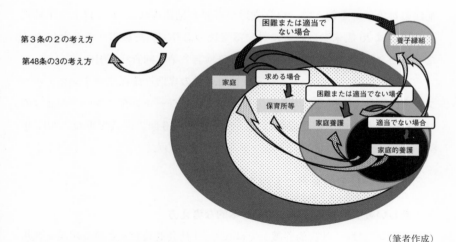

（筆者作成）

**図2　改正児童福祉法における社会的養護のあり方**

に返していくということである。このことは、家庭養護であっても同様である。また、施設長や里親など、子どもを養育する側の義務として規定されている点も重要である。

　これらを図式化すると、**図2**のようになる。

## 第4節　新しい社会的養育ビジョンに向けての動きと その内容

### 1. 改正児童福祉法を具体化するための動き

　2016年7月、「新たな社会的養育の在り方に関する検討会」が設置された。この検討会の目的は、①改正児童福祉法等の進捗状況を把握するとともに、「新たな子ども家庭福祉」の実現に向けた制度改革全体を鳥瞰、②改正児童福祉法を踏まえた社会的養育の考え方、家庭養護と家庭的養護の用語の整理・定義の明確化、③地域分散化も含めた施設機能の在るべき姿、④里親、養子縁組の推進や、在宅養育支援の在り方、これらを踏まえた社会的養育体系の再編、⑤都道府県社会的養育推進計画への反映のあり方、⑥児童福祉法の対象年齢を超えて、自立支援が必要と見込まれる18歳以上（年齢延長の場合は20歳未満）の者に対する支援のあり方、を検討することにあった（新たな社会的養育の在り方に関する検討会第1回資料 2016）。

　検討過程においては、子ども家庭福祉人材の専門性確保ワーキンググループ、市区町村の支援業務のあり方に関する検討ワーキンググループの2つのワーキンググループが設置された。検討会は、16回の会議を重ね、2017年8月、「新しい社会的養育ビジョン」をとりまとめた。

### 2. 新しい社会的養育ビジョンの内容

#### ①新しい社会的養育ビジョンの基本的な考え方

　ビジョンでは、「社会的養護」ではなく、「社会的養育」という用語を使用している。社会的養護と社会的養育の違いは、その対象にある。ビジョンでは、社会的養育の対象を「全ての子どもであり、家庭で暮らす子どもから代

替養育を受けている子ども、その胎児期から自立までが対象となる」と定義している（新たな社会的養育の在り方に関する検討会 2017: 6）。また、支援のプロセスにおいては、すべての局面において、子ども・家族の参加と支援者との協働を原則とすることを特性とする

　一方、社会的養護は、「サービスの開始と終了に行政機関が関与し、子どもに確実に支援を届けるサービス形態」（新たな社会的養育の在り方に関する検討会 2017: 7）と定義している。社会的養護には、保護者と分離している場合と分離していない場合の両者を含むが、分離している場合を特に代替養育と定義する。代替養育には、里親・施設（母子生活支援施設、障害児福祉施設を含む）・自立援助ホーム等への入所などがある。代替養育は、本来は一時的な解決にすぎず、家庭復帰、親族との同居、あるいは、それらが不適当な場合の養子縁組、中でも特別養子縁組といった永続的解決を目的とした対応を、児童相談所は、里親や施設と一致してすべての子どもに行うべきとしている（新たな社会的養育の在り方に関する検討会 2017: 8-9）。

　完全分離ではない事業には、一時保護、子育て短期支援事業、在宅での支援には、児童福祉法第 27 条第 1 項第 2 号に基づく指導措置が例示されている。保育所については、明確な記述はないが、協働養育としの位置づけ（新たな社会的養育の在り方に関する検討会 2017: 14）や、保育の勧奨（同法第 24 条第 4 項）制度などを勘案すると、少なくとも一部の利用者に対しては社会的養護の機能を果たしていると考えられる。

### ②新しい社会的養育ビジョンのポイント

ビジョンのポイントは、大きく 6 点ある。

#### ア．児童相談所・一時保護改革

・調査・保護・措置に係る業務と支援マネジメント業務の機能分離をする。
・一時保護を緊急一時保護とアセスメント一時保護に整理し、一時保護所のような閉鎖空間での緊急一時保護の期間を数日以内とする。
・一時保護における里親への委託推進、一時保護里親類型の創設に早急に着手し、おおむね 5 年以内に子どもの権利が保障された一時保護を実現する。

・パーマネンシー保障のための家庭復帰計画、それが困難な時の養子縁組推
　進を図るソーシャルワークを行える十分な人材の確保をおおむね5年以内
　に実現する。

### イ．里親への包括的支援体制（フォスタリング機関）の抜本的強化と里親
　　　制度改革

・フォスタリング機関事業の実施のため、プロジェクトチームを発足させ、
　ガイドラインの作成や自治体への支援を開始する。
・ファミリーホーム事業者を里親登録者に限定し、一時保護里親、専従里親
　などの新しい里親類型を2021年度を目途に創設し、障害のあるものなど、
　ケアニーズの高い子どもにも家庭養育が提供できる制度とする。

### ウ．永続的解決（パーマネンシー保障）としての特別養子縁組の推進

・年齢要件の引き上げ、手続きを二段階化し、児童相談所長に申立権を付
　与、実親の同意撤回の制限を速やかに進める。
・おおむね5年以内に、年間1000人以上の特別養子縁組成立を目指す。

### エ．乳幼児の家庭養育原則の徹底と、年限を明確にした取り組み目標

・乳幼児は、家庭養育原則に基づき、原則として施設への新規入所措置を停
　止する。
・家庭養護委託率については、3歳未満はおおむね5年以内、それ以外の就
　学前の子どもはおおむね7年以内に75%以上、学童期以降はおおむね10
　年以内に50%以上を実現する。
・ケアニーズが非常に高く、施設等における十分なケアが必要な場合は、高
　度専門的な手厚いケアの集中的提供を前提に、小規模化・地域分散化され
　た養育環境を整える。入所期間は、原則として乳幼児は数ヵ月以内、学童
　期以降は1年以内とする。
・特別なケアが必要な学童期以降の子どもであっても3年以内を原則とする。
・乳児院については、さらに専門性を高め、アセスメント（一時保護された

子ども、親子関係、障害等の特別なケアを必要とする子どものケア等）と
それに基づく里親委託準備、親子関係改善に向けた通所指導、産前産後を
中心とした母子の入所を含む支援、家庭復帰に向けた親子関係再構築支
援、里親・養親支援の重要な役割を担う存在として、施設機能の充実が不
可欠である。

・乳児院における一時的な入所は、家庭養育原則に照らし、限定的、抑制的
にすべきである。

### オ．子どものニーズに応じた養育の提供と施設の抜本的改革

・ケアニーズに応じた措置費・委託費の加算制度をできるだけ早く創設す
る。同様に、障害等ケアニーズの高い子どもにも家庭養育が行えるよう制
度を見直す。

・施設は、原則としておおむね 10 年以内に、小規模化（最大 6 人）・地域分
散化、常時 2 人以上の職員配置を実現する。高度のケアニーズに対して
は、迅速な専門職対応ができる高機能化を行い、生活単位は最大 4 人とす
る。

・施設が地域支援事業やフォスタリング機関事業等を行うなどの多様化を、
乳児院から始め、児童養護施設、児童心理治療施設、児童自立支援施設で
も行う。

### カ．自立支援（リービングケア、アフターケア）

・自立支援ガイドラインを作成し、おおむね 5 年以内に、里親等の代替養育
機関、アフターケア機関の自立支援の機能を強化する。

・自治体の責任を明確化し、包括的な制度的枠組みを構築する。

・代替養育の場における自律・自立のための養育、進路保障、地域生活にお
ける継続的な支援を推進する。その際、当事者の参画と協働を原則とする。

### 3．子どもの権利委員会の評価

改正児童福祉法およびビジョン策定の背景の一つとなった、子どもの権利

委員会は、前述の一連の動きをどのように評価したのか。2019年3月の第
4回・第5回総括所見[1)]では、社会的養護に関しては、**表7**のような評価を
行っている。

　改正児童福祉法およびビジョンの内容については、全体として、肯定的評
価となっている。一方、さらなる課題として指摘されている内容も多い。

**表7　子どもの権利委員会第4回・第5回総括所見（抄）**

---

4.　緊急の措置がとられなければならない以下の分野に関わる勧告に対し、締約
　　国の注意を喚起したい。その分野とは、差別の禁止、子どもの意見の尊重、
　　体罰、家庭環境を奪われた子ども、リプロダクティブヘルスおよび精神保健
　　ならびに少年司法である。

7.　児童の権利に関する包括的な法律を採択し、また既存の法令を本条約の原則
　　及び規定と完全に調和させるための措置をとるよう、強く勧告する。

19.　最善の利益が第一次的に考慮されるべき児童の権利が、特に教育、代替的
　　監護、家族争議及び少年司法において適切に取り入れられず、また、一貫し
　　て解釈及び適用されていないこと、並びに、司法、行政及び立法機関が、児
　　童に関連する全ての決定において児童の最善の利益を考慮していないことに
　　留意する。

21.　自己に関わるあらゆる事柄について自由に意見を表明する児童の権利が尊
　　重されていないことを深刻に懸念する。

25.　以下につき深刻に懸念する。
　（a）学校における体罰の禁止は、効果的に実施されていない。
　（b）家庭及び代替的監護環境における体罰は、法律によって禁止されていない。
　（c）民法及び児童虐待防止法は、適切なしつけの行使を許容し、体罰の許容
　　　性を明確にしていない。

26.　家庭、代替的監護及び保育環境、刑事施設を含め、あらゆる環境において、
　　特に児童虐待防止法及び民法によって、どんなに軽いものであっても、全て
　　の体罰を明示的かつ完全に禁止すること。

28.　家庭を基盤とする養育の原則を導入した2016年の児童福祉法改正、また、
　　6歳未満の児童は施設に措置されるべきではないとする「新しい社会的養育
　　ビジョン」の承認に留意する。しかしながら、以下を深刻に懸念する。
　（a）家族から分離される児童が多数にのぼるとの報告がなされていること、
　　　また、児童が裁判所の命令なくして家族から分離される場合があり、かつ
　　　最長で2か月間児童相談所に措置され得ること。
　（b）多数の児童が、基準に満たない施設に措置され、多数の児童虐待の事件
　　　が報告されており、そうした施設では外部者による監視や評価のメカニズ

　社会的養護関係でいうと、子どもの最善の利益を考慮した制度や環境になっていないこと（とりわけ、子どもの意見表明、職員による施設内虐待、里親支援の不十分さなど）を強く指摘している。

　また、子どもの権利に関する包括的法律の制定を強く求めており、児童福祉法第3条の理念を実現するための独立法を作ることが必要であるというこ

---

ムが設けられていないこと。
(c) 児童相談所がより多くの児童を受け入れることに対する強力な金銭的インセンティブを有する疑惑があること。
(d) 里親が包括的支援、十分な研修及び監視を受けていないこと。
(e) 施設に措置された児童が親との接触を維持する権利を剥奪されていること。
(f) 親が分離に反対する場合、又は児童の措置に関する親の決定が児童の最善の利益に反する場合は、児童相談所が家庭裁判所に申し立てを行うとの明確な指示が与えられていないこと。
29. 児童の代替的監護に関する指針に対する締約国の注意を喚起しつつ、以下を要請する。
(a) 児童を家族から分離するべきか否かの決定に関して義務的司法審査を導入すること。児童の分離に関する明確な基準を定めること及び親からの子の分離が最後の手段としてのみ、それが児童の保護のために必要かつ子どもの最善の利益に合致する場合に、子及びその親の意見を聴取した後に行なわれるよう確保すること。
(b) 「新しい社会的養育ビジョン」の迅速で効果的な執行、6歳未満の児童を手始めとする速やかな脱施設化及び里親機関の設置を確保すること。
(c) 児童相談所において児童を一時保護する慣行を廃止すること。
(d) 代替的養護の現場における児童虐待を防止すること。虐待に関する捜査及び責任者の訴追を行うこと。里親養育及び児童相談所等の児童を施設的環境に置くことが定期的に独立した外部監査を受けるよう確保すること等。
(e) 財源を施設から里親家族等の家族的環境に振り直すとともに、里親が包括的な支援、十分な研修及び監視を受けることを確保しながら、脱施設化を実行に移す自治体の能力を強化し、同時に家庭を基盤とする養育体制を強化すること。
(f) 親の決定が児童の最善の利益に反する場合には家庭裁判所に申し立てを行うよう、里親委託ガイドラインを改正すること。

とになる。

## 第5節　社会的養護のあり方の検討

　以上、主として社会的養護に関して、子どもの権利条約の内容とそれに関連する動向、改正児童福祉法のステップとその内容、改正児童福祉法の内容を実現するためのビジョンの内容と子どもの権利委員会の評価を外観してきた。

　最後に、これらを踏まえ、これからの社会的養護のあり方を考える際の視点を4つの角度から検討する。

### 1.　分離ケア率と家庭養護委託率の関係をどうとらえるか

　子どもの権利委員会からの指摘に代表されるように、日本は家庭養護委託率が低い。ビジョンはこのことを強く意識した提言をしている。子どもの権利条約や子どもの代替的養護に関する国連指針も同様の考え方であるが、これらがさらに重視しているのは、保護者との不必要な分離を避け、保護者とともに生活できるような支援をすることである。

　少しデータは古いが、このような視点で国際比較をしたものが**表8**である。これによると、日本は明らかに施設委託率[2]は高いが、子ども1万人あたりの施設入所児数は世界的にみるとかなり低いことが分かる。すなわち、子どもの権利条約の精神を尊重した国であるという見方もできることになる。

　これをどう見るかについては、冷静な議論が必要である。その議論においては、①必要な分離が行われず、保護者のもとで不適切な養育が継続している可能性、②適切な在宅支援が行われることなく、保護者の負担が高じている可能性、③仮に親族やインフォーマルな支援が機能しているとした場合、それらへのフォーマルな支援の必要性の有無、などが検討される必要がある。また、このことは施設養護が現状のままでよいということを意味するものではなく、当然のことながら、引き続き、家庭的養護の推進、さらには家

表8　社会的養護の国際比較

| 国名 | 施設委託率<br>（2000年前後） | 施設入所児数<br>／万人 |
|---|---|---|
| フランス | 47.0 | 48.0 |
| ドイツ | 55.4 | 41.2 |
| イギリス | 40.0 | 22.6 |
| デンマーク | 57.7 | 60.0 |
| オーストラリア | 8.5 | 4.2 |
| カナダ | 41.5 | 45.2 |
| アメリカ | 23.3 | 15.4 |
| 日本 | 93.8 | 15.9 |

出典: 厚生労働省子ども家庭局長（2018: 14）。

庭養護に向けての取り組みを図る必要がある。

## 2.　家庭養護委託率を高める多様な方法を検討する

　家庭養護委託率を高める方法については、里親およびファミリーホームの量的確保が中心的議論となり、質を担保しながらの量的確保の困難性が指摘されている[3]。このことは重要であるが、委託率を高める方法はもっと柔軟に考えることも必要である。

　委託率は、分子に里親およびファミリーホーム、分母にはこれに乳児院と児童養護施設の利用児数を加えて算出される。この算式を念頭に考えると、里親およびファミリーホームの量的確保は、分子の増量であるが、委託率は、分母の減量によっても高めることが可能である。

　たとえば、児童養護施設の現状をみたとき、被虐待児や発達障害児等、心のケアが必要な子どもが増加しており、支援の困難性が語られることが少なくない。これに対して、心理支援スタッフの配置や外部専門機関の活用などでの対応が図られているが、児童心理治療施設の活用など、子どものニーズに直接対応する専門施設への措置変更や新規入所なども、子どもの最善の利

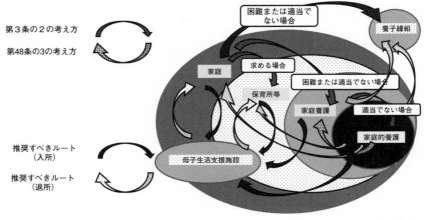

第3条の2の考え方

第48条の3の考え方

推奨すべきルート
（入所）

推奨すべきルート
（退所）

困難または適当で
ない場合

養子縁組

家庭

求める場合

困難または適当でない場合

保育所等

家庭養護

適当でない場合

家庭的養護

母子生活支援施設

（筆者作成）

## 図3 代替養育のあり方（私案）

益を図りながら、分母を減らす方策となる[4]。

　もう一つ、分母を減らす有効な方法は、母子生活支援施設の活用である。母子生活支援施設は、見守りを含め、少なくとも福祉的支援が日常的に確保された状況であり、親子関係の再構築と生活作りの支援には適切な施設である。これもまた、子どもの利益にかなう対策と考えられる。**図3**は、これを図式化したもので、さらに、前段の児童心理治療施設をこれに加えると、子どもの最善の利益をできるだけ考慮した、現行制度を前提とする代替養育の全体像となる。

## 3. 子どもの意思を支える仕組みの必要性

　子どもの権利擁護システムの不十分さについては、繰り返し子どもの権利委員会から指摘されてきたところである。ビジョンでも、これへの対応の必要性が指摘されている。このような仕組みについては、現状では、一部の地方自治体には存在するが、国としての制度化はされていない。子どもの権利委員会は、行政とは独立した、人権擁護機関（National Human Rights Institutions）のようなものの設置を想定している。

　2019年6月に成立した、児童虐待防止対策の強化を図るための児童福祉法等の一部を改正する法律（法律第46号）附則第7条第4項には、「子どもの権利擁護のあり方について、施行後2年後までに、検討し、必要な措置を講じる」（要約）と規定された。これを受け、厚生労働省は、2019年12月、子どもの権利擁護に関するワーキングチームを設置し、検討に入っている。

　イギリスでは、2004年の児童法改正により、子どもコミッショナー制度が創設され、さらに、2014年に制定された子ども及び家族法により、その役割が強化されている。この制度の特徴は、①国、地方自治体、民間団体が複層的に参加し、かつそれぞれの役割が明確にされていること、②子どもの個別アドボカシーが制度化されていること、③社会的養護分野に起源をもつ制度であるが、すべての子どもたちに開放されていること、にある。この仕組みについて、イギリスに対する子どもの権利委員会第5回の総括所見（平野裕二訳 2016: 第15パラグラフ）では、「4つの権限委譲行政地域に設置されている子どもコミッショナーの独立性が高められたこと、および、子どもの権利の促進および保護を確保するために多くの取り組みが行われていることを歓迎する」と評価している。

## 4. 代替養育のさらなる改革

　最後に、ビジョンを越えたさらなる代替養育の改革について、私案を提示して、本稿を閉じることとする。

　日本の代替養育は、施設養護を中心に展開してきた。これは歴史的には有意義であった。改正児童福祉法やビジョンは、子どもの最善の利益を考慮しつつ、これを家庭養護中心へと転換を図るものであった。施設養護については、ビジョンは「高度専門性」の追求を求めている。

　このことを前提に、施設養護のあり方を検討した結果が図4である。図4の提案のキーワードは、地域性、専門性、包括性の3つであり、その特徴は、大きく3点ある。

　第1は、児童家庭支援センターの内部類型として入所機能を有するものと、有さないものの2類型を設け、これを児童福祉施設として法定化すると

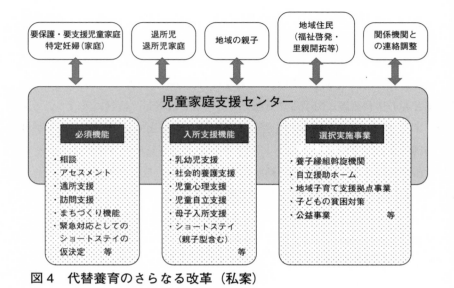

**図4　代替養育のさらなる改革（私案）**

いうものである。児童家庭支援センターは、制度上、児童福祉施設の一つで
あり、児童養護施設等と対等な存在であるが、「児童家庭支援センターにお
いては、その附置されている施設との緊密な連携を行うとともに」（第88条
の4第3項）と、施設への附置を前提としている。現在は独立型が認められ
ているとはいうものの、職員配置としてのセンター長の設置が規定されてお
らず、児童養護施設の施設長が兼務している場合も少なくない。これを一体
化するというものである。加えて児童家庭支援センターの設置を進めるた
め、入所機能を有しないものも積極的に位置づける。

　第2は、施設を機能の集合体としてとらえるということである。児童家庭
支援センターも機能を、必須機能、入所支援機能、選択実施事業の3つと
し、例示したような内部機能を想定する。施設は、入所支援機能および選択
実施事業のなかから、内部機能を選択しながら施設運営を行う。これによっ
て、独立型のセンターの設置を進めやすくなる。児童家庭支援センターを設
置しない施設の場合は、入所支援機能、選択実施事業を組み合わせて運営す
る。設置は、少なくとも福祉事務所レベルを想定することで、基礎自治体と

の関係をより強化する。

　第3は、地域への向き合い方の変化である。すなわち、住民に対しては施設として向き合うのではなく、児童家庭支援センターとして向き合うというものである。「児童福祉法改正により、児童家庭支援センターは、地域において、すべての子ども家庭を視野にポピュレーションアプローチからハイリスクまでの支援を推進する」（ビジョン 2016: 14）こととなっている。本私案は、これを実現するに相応しい施設となると考えられる（小木曽・橋本編 2020）。

## 注
1）子どもの権利条約第44条第1項では、締約国内で条約が有効となって2年以内、その後は5年ごとに、国内の状況を報告することになっている。第3回までは、条約の規定にのっとっていたが、第3回総括所見第90パラグラフで、「第4回・第5回をあわせた定期報告を2016年5月21日までに提出する」よう求められていた。ちなみに、次回も、第6回と第7回を合わせ、2024年11月に報告することが求められている。
2）施設委託率＝100％−家庭養護委託率
3）2017年度に被措置児童等虐待と認定されたものは、全国で95件であるが、このうち13件が里親およびファミリーホームでの認定である。最も多いのは児童養護施設の50件、次は障害児入所施設の17件である。それぞれのもとで生活している子ども数を勘案すると、家庭養護での発生率は最も高くなる。家庭養護への委託が進むと、今まで以上に、少なくとも一時的に養育に困難をきたす子どもが増えることになり、家庭養護の質の問題については重要な課題となる。
4）児童心理治療施設は全国に51施設あるが、都道府県単位で見ると36道府県にしか存在しない。政令指定都市、児童相談所設置市レベルで考えると、70自治体中47自治体には存在しない。児童心理治療施設が全く存在しない東京都の区部および中核市での児童相談所設置が進むと、未設置数はさらに大きくなる（全国児童心理治療施設協議会調2020年3月31日現在）。

### 引用文献・参考文献
新たな社会的養育の在り方に関する検討会，2017，「新しい社会的養育ビジョン」．
新たな社会的養育の在り方に関する検討会第1回配付資料，2016，「『新たな社会的養育の在り方に関する検討会』の開催について」（資料1）．
　　https://www.mhlw.go.jp/stf/shingi2/0000131764.html．（2019年12月12日取得）
外務省，「児童の権利条約」．

https://www.mofa.go.jp/mofaj/gaiko/jido/index.html.（2019 年 12 月 12 日取得）
以下，子どもの権利条約および子どもの権利委員会に関する資料およびその翻訳は，外務省の訳を使用している。

児童養護施設等の社会的養護の課題に関する検討委員会・社会保障審議会児童部会社会的養護専門委員会，2011,「社会的養護の課題と将来像」.

厚生労働省，2011,「児童の代替的養護に関する指針（雇用均等・児童家庭局仮訳）、第 11 回 社会保障審議会社会的養護専門委員会資料」64/142.

厚生労働省，2016,「児童福祉法等の一部を改正する法律（平成 28 年法律第 63 号）の概要」.

厚生労働省子ども家庭局長，2018,「都道府県社会的養育推進計画の策定要領」.

SOS children's Villages International, 2013, *Guidelines for the Alternative Care of Children: A tool for Reviewing the United Nations Framework with Children*, SOS Children's Villages International.

平野裕二訳，2016,「総括所見」.
https://w.atwiki.jp/childrights/pages/277.html.（2019 年 12 月 12 日取得）

堀正嗣編，2011,『イギリスの子どもアドボカシー──その政策と実践』明石書店.

小木曽宏・橋本達昌編，2020,『地域子ども家庭支援の新たなかたち』生活書院.

衆議院憲法調査会事務局，2014,「『憲法と国際法（特に、人権の国際的保障）』に関する基礎的資料、最高法規としての憲法のあり方に関する調査小委員会資料」（『衆憲資第 50 号』2014 年 4 月 22 日参考資料）.

# 第6章　子育ての文化間比較
## ——アロマザリングを手がかりにして——

森 仁志

## 第1節　はじめに

　厚生労働省は2010年に「イクメンプロジェクト」を始動した。時期を前後して、「イクメン」という言葉は女性の育児負担を軽減し、男性の子育てへの積極的な参加を促すものとして浸透したが、男性の育児休業の取得率の低さなどイメージと実態の乖離も指摘されている。

　一方で、そもそも「イクメン」の表象が暗黙の前提とする夫婦2人での育児は、比較文化的に広く見渡せば普遍的な子育てとは言い難い。たとえば、アフリカのピグミー系狩猟採集民のエフェは、コミュニティのメンバーが子育てに頻繁に関わることで知られ、人類学者の報告では、乳児は平均して約14人から世話を受ける（Tronick et al. 1987: 99）。

　進化研究[1]の論者たちは、文化横断的に観察される協力的な育児実践の事例を踏まえて、人類の子育てのシステムを「協同繁殖」（cooperative breeding）と呼び、母親以外の個体からの世話行動である「アロマザリング」（allomothering）の実践に注目してきた[2]。子どもの世話行動を行う母親以外の「アロマザー」（allomother）には、父親、祖父母、年上のきょうだい、親戚などの血縁者以外にも、血縁関係のないコミュニティのメンバーも含まれ、それぞれ多様な方法と頻度で「アロケア」（allocare）を提供する。

　アロケアに頼ることができる女性は、適応度の最大化の観点からみると、1人の子どもに費やす養育負担を軽減して次の子どもの出産と養育に時間と資源を配分できるという利点を有している[3]。これまで人口統計学者は、家族形態の変化に伴う少産化に注目し、夫婦が拡大家族の一員として暮らす方が、核家族の場合と比べて出生率が高い傾向にあることを指摘してきた（Sear et al. 2011: 82）。人類学者によるアロケアの議論を踏まえると、夫以

外の親族からのサポートの希薄化が出生率の低下に影響を与えたと考えることもできる（Kramer 2010: 429）。

　むろん、先ほど事例としてあげたエフェの子育ても、人類に普遍の「自然な姿」として一般化できるわけでなく、別のピグミー系狩猟採集民のアカの事例と比較すると、アカの父親が乳児を抱く時間はエフェの場合より長く、複数のアロマザーのなかで父親がはたす役割にも違いがみられる（Hewlett 1992: 155）。もし、アロケアがある環境のもとで特に促されるのであれば、それはどのような条件下であり、誰がいかにしてケアを提供するのだろうか。本論では、人類の協同繁殖をテーマとした先行研究をもとにアロケアを促す要因の一端に迫りたい。

## 第2節　アロケアの文化間比較

### 1. 自然出生人口におけるアロケアの効果

　シアーらは、アロケアの効果に着目した先行研究について包括的なレビューを行っている（Sear et al. 2011）。この論文では、アロケアの効果のうち特に子どもの生存率との相関に着目した研究を取りあげ、人口転換の前後の社会を2つのセクションに分けて考察している。ただし、シアーらも認めるように、避妊を含む近代的な医療によって子どもの死亡率が低下した社会では、アロマザーの存在が子どもの生存率に与える影響を考察するのは困難であるため[4]、以下では人口転換前の自然出生人口（natural fertility population）に注目する。

　表1は、主に父親、母方の祖母、父方の祖母、母方の祖父、父方の祖父、年上のきょうだいのうち、母親以外のすくなくとも1人の存在と子どもの生存率の相関が認められる37社会の事例研究の成果をまとめたものである。

　まず、母親からの影響について論じた32の研究に注目すると、母親の不在と子どもの生存率の低下はすべての事例で相関がみられ、特にこの傾向は子どもの年齢が低いほど顕著なことが明らかになっている。一方、父親に関

表 1　親族が子どもの生存率に与える影響　（括弧内は%）

|  | 研究数 | 好影響 | 悪影響 | 影響なし |
|---|---|---|---|---|
| 母親 | 32 | 32<br>(100) | 0 | 0 |
| 父親 [a] | 26 | 10<br>(38) | 1<br>(4) | 16<br>(61) |
| 母方祖母 | 13 | 9<br>(69) | 1<br>(8) | 3<br>(23) |
| 父方祖母 | 18 | 10<br>(55) | 2<br>(11) | 6<br>(33) |
| 祖母（母方父方特定せず） | 4 | 1<br>(25) | 0 | 3<br>(75) |
| 母方祖父 | 12 | 2<br>(17) | 0 | 10<br>(83) |
| 父方祖父 | 13 | 3<br>(23) | 4<br>(31) | 6<br>(46) |
| 祖父（母方父方特定せず） | 2 | 0 | 1<br>(50) | 1<br>(50) |
| 年上のきょうだい | 6 | 5<br>(83) | 0 | 1<br>(17) |

a　父親が息子の生存率に好影響を与える一方で、娘には悪影響を与えるとする研究が
　一つあるため、合計100%にならない。
出典: Sear & Coall（2011: 87）から作成

しては、26 の研究うち 10 事例（38%）のみが好影響を示すにとどまるが、
個別の事例研究では父親の存在が子どもの生存率にほとんど効果がない場合
でも、家計への経済的な貢献によって身長の高さに影響を与えるという報告
もある（Reher et al. 2003: 73）[5]。母方の祖母、父方の祖母、母方の祖父、
父方の祖父を比較すると、母方の祖母が子どもの生存率に最も貢献し、つぎ
に父方の祖母が続く。年上のきょうだいは、6 つの研究と事例がすくないも
ののポジティブな傾向を示している。

## 2.　アロケアの生業間比較

　続いて、自然出生人口において生業の違いがアロケアの実践に与える影響

表2　生業別のダイレクト・インダイレクトケアのレベル

| | ダイレクトケア | | インダイレクトケア | |
|---|---|---|---|---|
| | 父親 - 乳児の近さ | 父親 - 幼児の近さ | 生業への貢献度 | 生業に費やす時間 |
| 狩猟採集民 | 3.29 | 3.72 | 4.50 | 1.74 |
| 園耕民 | 3.16 | 3.42 | 3.81 | 1.70 |
| 牧畜民 | 2.69 | 3.33 | 5.00 | 2.00 |
| 農耕民 | 2.81 | 3.29 | 4.61 | 2.27 |

出典: Marlowe（2000: 49）から作成

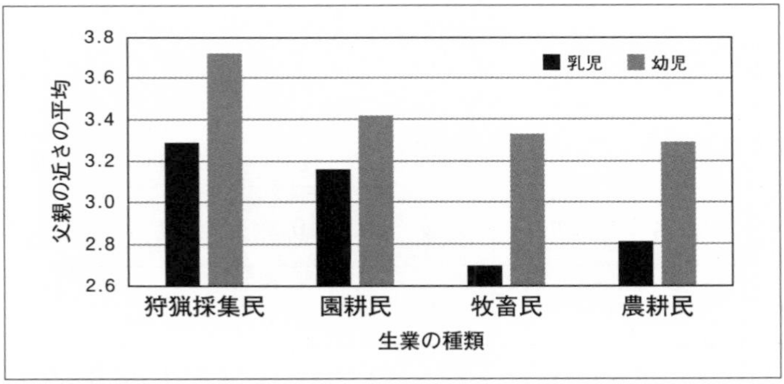

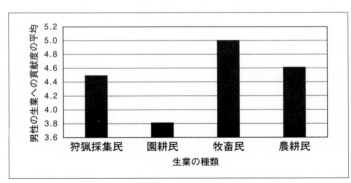

図1　生業別のダイレクトケアのレベル（n=139）

出典: Marlowe（2000: 50）

図2　生業別のインダイレクトケアのレベル（n=92）

出典: Marlowe（2000: 51）

に注目する。アロケアに関する研究では一般的に、直接的な世話（caregiving）と食物供給（provisioning）が分けて考察され、直接的な世話には子守、子どもに食べさせる、移動させる、抱く、着衣や入浴といった身づくろいなどの行為が含まれる。人類学の分野では、父親の投資（paternal investment）の文脈で研究蓄積があり、前者はダイレクトケア（direct care）、後者はインダイレクトケア（indirect care）とそれぞれ区別される。

　186社会を対象にした比較文化研究でマーロウは、父親からの投資は生業の違いによって一定の傾向があることを示している（Marlowe 2000）[6]。同論文では、ダイレクトケアは父親と乳児、父親と幼児の近さ（proximity）、インダイレクトケアは男性の生業への貢献度（male contribution to subsistence）、生業に費やす時間（time spent in subsistence activity）を指標として生業間の比較を行っている（**表2**）[7]。

　**図1**のダイレクトケアの生業間比較からは、狩猟採集民の父親が乳児と幼児の双方の世話で高い値を示していることが分かる。乳児へのダイレクトケアは、狩猟採集民、園耕民、農耕民、牧畜民の順に低くなり、幼児の場合は、農耕民と牧畜民の順位が入れ替わる。狩猟採集民の社会では母親が採集活動でキャンプを離れる際に父親が代りに子どもを見守る行動がみられ、これがダイレクトケアの値を引きあげていると考えられる。

　**図2**は男性のインダイレクトケアを生業への貢献度で比較したもので、牧畜民が最も高く、農耕民、狩猟採集民、園耕民と続く。牧畜民の父親が食物供給で貢献度が高いのは家畜を所有するのが男性であるため、対照的に、園耕民はいったん土地を開拓すれば主に女性が労働を担うため、インダイレクトケアで両極端な傾向がみられることになる。

## 3. 狩猟採集社会におけるアロケアの多様性

　マーロウが指摘するように、実際にはアロケアの多様性は生業の違いだけで説明できるほど単純ではなく、同じ生業に分類される民族間でも世話行動の実践には異なる特徴がみられる。具体的に狩猟採集社会のダイレクトケアに焦点を絞ってもこの傾向は明らかで、次の**表3**は、乳児に対するダ

イレクトケアの比較文化研究から狩猟採集民の事例を抜粋したものである（Kramer 2010: 421）。

　この一覧では、母親からのダイレクトケアは約50％前後で一貫した傾向がみられ、これは乳児の世話で欠かせない授乳の必要性を反映したものと考えられる。しかし父親、姉、兄、祖母、他の血縁者・非血縁者によるダイレクトケアは母親の場合と比較してばらつきが大きく、どのアロマザーがどれだけ貢献するのかは民族ごとに恣意的な傾向をみせている。

　また、こうした多様性はインダイレクトケアでも同様で、ケリーによれば、狩猟採集民の男性の生業への貢献度を比較すると25％から100％と大きなばらつきがある（Kelly 1995: 215）。これは緯度が高く寒冷な地域ほど

**表3　乳児に対するダイレクトケアの割合[a]　（％）**

|  | 母親 | 父親 | きょうだい | 祖母 | その他<br>血縁/非血縁者 |
|---|---|---|---|---|---|
| アカ[b] | 42.7 | 15.8 | — | — | 13.2 |
| エフェ | 50 | 6 | 女 13<br>男 14 | 9 | 9 |
| アグタ | 51.7 | 4.4 | 女 10.2<br>男 1.1 | 7.6 | |
| アリャワラ[c] | 53 | < 1 | 31 | — | 16 |
| マルグ[d] | 32.2 | 1.7 | 5 | 14.3 | 29.8 (12.6)[e] |
| トバ | 50 | — | 女 33<br>男 4 | 13 | — |

a　明記されない限りダイレクトケアには子守、子どもを食べさせる、移動させる、抱く、身づくろいが含まれる。乳児はほとんどの事例で1歳未満である。各カテゴリーのダッシュ（—）はデータの報告なしを意味し、合計しても100％に満たない場合もある。
b　父親と母親の値には1-18カ月の乳児も含まれる。その他のカテゴリーにきょうだいと祖母が含まれている可能性がある。
c　ダイレクトケアの値は子どもを運んで移動させる世話行動のみに限定される。きょうだいは男女で集計され、このカテゴリーには13歳以下の血縁者以外の子どもも含む。
d　0-3歳の乳幼児を含む。きょうだいは男女で集計された割合である。
e　括弧内は一人より多くのケアラーがいる割合で、ほとんどの場合に母親を含む。残りの4.4％は観察中にケアラーが不在だった割合である。
出典: Kramer（2010: 421）から作成

女性による植物の採集が困難になるためで、男性の生業への貢献度は北極圏で 87%、温暖な気候の地域で 67%、熱帯の地域で 48% と環境条件に応じて柔軟に変化する（Hiatt 1974: 9）。

そこで次節では、アロケアが状況依存的な実践であることを踏まえて、進化の視点から研究蓄積がある狩猟採集民の社会に注目し、アロケアの実践を促す諸要因についてより具体的に考察していく。

## 第3節　血縁者からのアロケア

### 1. 父親からのアロケア

前述したように父親によるアロケアは、適応度を最大化するための投資として理解することができる。理論的には父親は、父性の確実性（paternal certainty）に応じて子どもへの投資を増減させ、パートナーが出産した子どもが自分の生物学的な子どもではない可能性が高い場合は、養育よりも次の配偶機会に優先的に時間と資源を配分して適応度の最大化を図る。

#### 1）父親のダイレクトケア

表3からアカの父親は、他の狩猟採集民の父親と比較して突出してダイレクトケアを提供していることが分かる。中部アフリカの熱帯雨林で生活するアカは、狩猟採集民の生業で一般的な性別役割分業とは対照的に、夫婦で協力して狩猟を行うことで知られる。

ヒューレットの調査によれば、アカが生業活動で最も時間を費やすのが網猟で、一日に 5 〜 15 キロメートルを歩いて猟場まで移動し、獲物を網に追い込んで捕獲する。生業活動を協力して行うアカの夫婦は日中の 46.5% の時間を互いの視界の範囲内で過ごし、日没後の森のキャンプでの生活まで含めると 24 時間のうち 72% を視界内の距離で暮らしていることになる。また日中に夫の最も近くにいる人物（nearest neighbor）に関するデータをみても、年齢性別カテゴリーでは成人男性と最も多くの時間を過ごすが、個人に

特定すれば妻と過ごす割合が 17.8％ で最も高く、1 メートル以内に限定しても 10％の時間を占める（Hewlett 1992: 162-168）。このためハーディは、夫婦の物理的な距離の近さによる父性の確かさを、アカの父親による養育への積極的な投資の要因として指摘している（Hrdy 1999: 226-227）。

2）父親のインダイレクトケア

　父親からのインダイレクトケアが増加する要因の一つに、母親の採集活動の制限があげられる。緯度の高さによって女性の採集活動が制限されると男性の生業への貢献度があがることはすでに述べたが、男性の食物供給は女性のライフコースにも対応して経時的に増減する。

　たとえばタンザニア北部のハッザは、男性が狩猟、女性が採集を行う性別役割分業が明確な社会で、結婚している夫婦の生業への貢献度は男女で 50％ずつと、緯度の低い熱帯地域での平均値とほぼ変わらない割合を示している。ただし、母親の養育負担は子どもの年齢が低いほど高くなるため、一番年下の子どもの年齢が低くなるほど母親の採集活動の効率も低下する。この傾向は夫婦の生業への貢献度にも反映されており、母親の生業への貢献度は 8 歳以下の子どもがいる場合に 47％、3 歳以下で 42％、1 歳以下で 31％と子どもの年齢が低くなるほど低下するのに対して、父親側は 8 歳以下で 53％、3 歳以下で 58％、1 歳以下で 69％と子どもの年齢が低くなるほど上昇する[8]。このことからマーロウは、男性の食物供給は、授乳をはじめ子育てによる女性の採集活動の制限を補う役割を果たしていると指摘する（Marlowe 2003: 221）。

## 2.　祖母からのアロケア

　祖母は自ら出産して子育てをしなくても、自分と同じ遺伝子を共有する孫にアロケアを提供することによって遺伝子レベルで適応度を高めることができる。表1 で提示した母方の祖父母と父方の祖父母による孫の生存率への影響の多様性も、父性の確実性の視点を導入すれば説明が可能で、4 人のうち孫との血縁関係の確実性が最も高いのは母方の祖母であり、実際に最もポ

ジティブな影響力のあるアロマザーとして孫の生存に貢献している（Sear et al. 2011: 88; Kramer 2010: 422）。

### 1）祖母のダイレクトケア

　結婚後に夫婦で独立居住の形態をとらずに三世代で同居をすれば、祖母からのダイレクトケアを得るのは容易である。たとえば拡大家族を形成するアカは、結婚後に一定期間妻方居住をして婚資を払った後に夫方居住に移る居住形態をとっている[9]。このためアカの居住コミュニティでは母方か父方の祖父母が生存していれば孫と同居し、また男性は年下の女性と結婚することが一般的なので、孫は祖父より祖母と長く暮らす可能性が高い（Hewlett 1991a: 40）。

　1〜4ヵ月の乳児をもつ6人のアカの母親のデータを比較すると、祖母と同居する2人の母親が乳児を抱いていたのはキャンプにいる時間のうち39％、祖母がいない残り4人の母親は47％で、双方の差は祖母が乳児を抱いていた8％と一致する（Hewlett 1991b: 14）。これ以外にも、5〜9歳の子どもが祖母と一緒に食事をしたり寝たりすることで、母親の養育負担は軽減される（Hewlett 1991a: 32, 37）。

### 2）祖母のインダイレクトケア

　母親の採集活動の制限は父親からの食物供給で代替され得るとしても、狩猟の成功率が低かったり離婚や死亡で夫婦が離別する可能性が高かったりする条件下では、父親からのインダイレクトケアのみに頼ることは安全な戦略とはいえない。また、狩猟採集民の特徴である厳格な平等主義によって狩猟で得た獲物はキャンプのメンバーに広く分配されるため、父親の採食活動の成果がそのまま母親と子どもの食物になるわけでもない。

　ハッザを調査するホークスはこの事実を踏まえたうえで、父親の採食努力は自らの狩猟能力を見せびらかす行為であり、養育よりも社会的信望や新たな配偶機会への努力と捉え直すべきだとして、むしろ子育てを終えて閉経を迎えた後も採食活動を続ける祖母が孫の養育にはたす役割を重視す

る（Hawkes et al. 2001; Hawkes et al. 2002）[10]。たとえばハッザの閉経後の女性は、子育て中の女性、未婚の若い女性（乳房の発達があるが妊娠を経験していない女性）と比較して、1日あたりの採集活動の時間が平均でそれぞれ454分、372分、238分と最も長時間働く。また、地中深くから掘り出す必要がある塊茎採集の収益率（kg/h）を比べても、1.966、1.859、0.841と最も効率が良く、収穫した食物は同じキャンプに住む孫に分け与えられる（Hawkes et al. 1989: 349）。このように祖母が自力で余剰食物を獲得可能な環境条件下では精力的に採集活動を行って孫にインダイレクトケアを提供する。

## 3. きょうだいからのアロケア

　きょうだいは、親からの投資をめぐって対立することもあるが、「2人のきょうだいか、8人のいとこの命が救われるのなら、私は命を捧げる」と話したとされる集団遺伝学者のホールデンの逸話にもあるように、兄姉は血縁関係がある弟妹にアロケアを提供することで間接的に適応度を高めることができる（辻 2006: 69-71）。

### 1）きょうだいのダイレクトケア

　教育の大部分を近代的な学校システムが担う社会では、一般的にきょうだいの世話よりも学校教育に割く時間が優先される。しかし、表3から明らかなように、狩猟採集民の社会ではきょうだいによるダイレクトケアの割合はしばしば父親や祖母を上回り、アロマザーとして重要な役割をはたしている。

　オーストラリア中央部の狩猟採集民アリャワラを調査したデンハムは、ダイレクトケアを8歳以下の子どもを運んで移動させる世話行動だけに限定して観察したところ、血縁者による世話行動は全移動（1439回）のうち59.7%を占め、姻戚関係のある（義理の）親族が31.5%、非血縁者が8.8%という結果になった。血縁者をさらに細かく両親、祖父母、きょうだい、両親のきょうだいに限定するとこの割合は約22%まで絞られ、内訳をみると

母親が 2.85%、父親が 0.28% であるのに対して、きょうだいは 6% を占める。実際、アリャワラの子どもはまだ自身が歩きはじめて間もないころから年下の乳幼児を運ぶようになり、13 歳までの子どもが運び手全員（103 人）のうち 30% を占め、全移動のうち 38.9% を担う。

　デンハムはこの理由について、まだ効率的に食物を採ることができない子どもが幼いきょうだいの面倒をみて、より効率的な採食者である母親が生業活動に集中するという分業が成立しているからではないかと推察している（Denham 2015）。これに関連してワイズナーらは、きょうだいからのダイレクトケアが促される要因として、母親の生業活動への関与の強さ（仕事量や中断の難しさなど）と年上のきょうだいの利用可能性（availability）を指摘している（Weisner et al. 1977: 174）。


2）きょうだいのインダイレクトケア

　狩猟採集民の子どもは環境条件に応じて、果物や貝などの食物の採集や水汲みなどを行う。これらの活動で得た成果は自分で食べたり、きょうだいなど同世代の子どもと共有したりして親のインダイレクトケアの負担を減らすだけでなく、ときに親世代とも共有して生業活動に貢献する。

　子どもの生業への貢献は狩猟採集民のあいだでも多様性があり、たとえばハッザの子どもは 5 歳ごろから採集活動をはじめるが、ナミビア北中部に住むクンの子どもは 10 代になるまでほとんどを行わない。ホークスらによれば、この違いはカロリー収益率（cal/hr）の差によって説明が可能で、同じ乾季の時期で比較すると、クンの場合は大人でも収益率が 50 を下回るのに対して、キャンプ近くで熟したバオバオを採る 5〜10 歳のハッザの子どもは 650 と桁違いの値を示している（Hawkes et al. 1995: 694, 697）。このことからクンの子どもの採集活動はカラハリ砂漠北部のカロリー収益率の低さによって阻まれていると考えられる。ただし、クンの子どもが生業活動にまったく関わらないわけではなく、母親がキャンプに持ち帰るモンゴンゴ・ナッツの固い殻を割る処理の手伝いなどは行う。ハッザの子どもは大人の女性たちとベリーの採集に参加することで採食チームの収益率をあげるが、一

方でクンの子どもは、自然環境の厳しさに対応してキャンプに留まってナッ
ツの処理を行うことで採食チームの一員として収益率を高めている可能性
があり、この場合は食物供給に貢献する存在として捉え直すことができる
（Hawkes et al. 1995: 698）。

　以上から、アロケアの実践自体は血縁選択により説明できるが、誰がいか
なるケアをどの程度提供するかに関しては、ダイレクトケアが物理的な距離
の近さ、インダイレクトケアが母親の生業活動の制限に対する補填可能性に
よって影響される可能性があることが分かる。こうした状況依存的なアロケ
アは経時的にも変化し、たとえばフィリピンの狩猟採集民アグタの父親は、
結婚の初期は子育てに長い時間を費やすが、先に生まれた子どもが成長して
母親を助けるようになるとダイレクトケアの時間を減らすといったように、
他のアロマザーの利用可能性によってアロケアの方法と程度を柔軟に調整す
る（Griffin et al. 1992: 316）。

## 第4節　非血縁者からのアロケア

### 1. 非血縁者のコミュニティ成員からのアロケア

　アロケアの実践を説明する仮説としては、血縁選択以外にも互恵的利他主
義があげられ、特に非血縁者によるアロケアを説明する際に用いられる。互
酬的な関係が成立していれば、アロマザーは短期的には非血縁者に資源を与
えることで適応上の損失を被るが、長期的には協力的な集団メンバーとして
食物や配偶者を安定的に確保し、将来の適応度をあげることができる。ま
た、互恵的利他主義の議論では適応度への貢献が強調されるが、たとえば不
妊のアロマザーにとっても非血縁者へのアロケアは長期的な互酬性による食
物の共有と労働協力という経済的な利益がある[11]。

1）非血縁者のダイレクトケア

ピグミー系狩猟採集民のエフェは、本論の冒頭でも紹介したように、突出して多数のアロマザーが子どもに関わることで知られる。具体的に 1 人の乳児（12 〜 15 ヵ月）が受けるダイレクトケアの割合をアロマザーの属性別にみると、非血縁者の女性たちからのケアの合計は 19.41％ で、全体の約 5 分の 1 を占める（Ivey 2000: 863）。

エフェと同様に、アンダマン諸島の狩猟採集民オンゲも多数のアロマザーが子どもに関わることで知られ、母親以外の女性が乳児に母乳を与えるといった共通点もある。ヒューレットによれば、エフェとオンゲの非血縁者による手厚いアロケアは、両社会の人口統計学的な特徴によって説明できる。まず一つ目の共通点は極端に低い合計特殊出生率で、狩猟採集民の女性の平均が 5.4 であるのに対して、エフェの女性は 2.6 で、閉経後の女性のうち 47％ が出産を 1 人のみか一度も経験していない。他方、オンゲの女性の合計特殊出生率も同じく 2.6 で、全結婚のうち 58％ の夫婦に子どもがいない。次に年齢別の人口構成比をみると、狩猟採集民の平均は 14 歳以下の割合が 41.1％、15 歳以上が 58.9％ であるのに対して、エフェはそれぞれ 33.3％ と 66.7％、オンゲは 28.9％ と 71.1％ で、両社会ともに 15 歳以上の人口が 2 倍以上を占める[12]。つまり、ヒューレットが指摘するように、多数の非血縁者がアロケアを提供するのは、単純に子どもと比較して大人の人口が多いためで、手間のかかる子どもをもたない複数の女性が子育てに協力するためだと考えられる（Hewlett 1991b: 14）。

2）非血縁者のインダイレクトケア

適応度の最大化のために、限りある時間と資源を有効に配分して人生のどの時期に子どもを生み育てるのかという生活史戦略に着目すると、南米パラグアイのアチェの夫婦は子どもの養育負担のために 30 代から 50 代半ばの中年の時期にカロリー不足に陥る。ヒルらによれば、この時期のカロリー不足は祖母による食物供給で補うことはできず、狩猟採集民の社会で一般的な居住コミュニティでの食物の共有によって補填する。とりわけ未婚の男性が最

も重要な支援者としてこの不足分を補い、30歳未満と50代半ば以上の養育負担の軽い夫婦も部分的に不足分の補充に貢献する。具体的には、子どもがいる夫婦ごとに平均1.27人の大人（このうち男性が0.82人）の支援者が存在する計算になる（Hill et al. 2009: 3866）。

　ヒルらが指摘するように、養育負担の軽い他の夫婦からの食物の分配は、援助を受ける側の夫婦が中年の前後の時期に養育負担の重い世代の夫婦を援助する場合に限り、互恵的利他行動として捉えることができる。また、アチェの居住コミュニティには近親者が含まれるため、血縁の男性からの食物分配を通じた不足分の補填は血縁選択によって説明が可能だが、非血縁者の男性による食物の分配は、将来の自らの繁殖機会を有利にするための投資行動として捉えることができる（Hill et al. 2009: 3867）。

## 2. 里親・継親・複数の父親からのアロケア

　概念上は、養育の場が実親から別の親に単純に変更になる場合を里子、社会的地位の変更も伴う場合を養子と区別し、前者は実親との関係が継続されるが、後者はその関係性が切断されるという違いがある。一般的に産業化以前の社会では、概念上の区別はともかく実践的には実親との関係は基本的に切断されず、里親（養親）との関係も数年から生涯にわたる場合など柔軟な傾向がみられる。狩猟採集民のあいだでは里親による養育がしばしば行われ、たとえばアンダマン諸島のオンゲと南インドのパリヤンでは、両社会ともに11歳から15歳のすべての子どもが実親を離れて里親のもとで暮らす（Hewlett 1991b: 20）。

　産業化以降の社会と比較して狩猟採集社会で里親がより一般的に観察される要因の一つとして、女性が出産する子どもの数の多様性があげられる。たとえばアカの女性の合計特殊出生率は6.2で分散が5.2、クンの女性はそれぞれ4.7と4.8であるのに対して、アメリカの女性の合計特殊出生率は約2、分散が2.6とばらつきが小さい。ヒューレットが指摘するように、1人の女性が出産する子どもの数にばらつきが大きければ、当然、多くの子どもをもつ親は子どもがいなかったり少なかったりする親からの助けを得るとい

うメカニズムが成立しやすくなる（Hewlett 1991b: 22）。

　また、親の離婚率や死亡率の高い社会では、継親が実親の代りに子ども
を養育する例が一般的にみられる。たとえばパリヤンの社会では離婚率が
35% で、親が1人か継親である割合は 55% にのぼる（Hewlett 1991b: 19-
20）。他にも、男性の殺害死の確率が高い南米アマゾンの先住民社会では、子
どもの養育に複数の父親が関与する分割父性という文化的慣習が広く実践さ
れている（Beckerman et al. 2002）。たとえば西洋社会との平和的な接触前
のアチェは、成人男性の死亡原因のうち対外戦争が 36％ を占め、殺害死の
確率は女性の約2倍高かった（Hill at al. 1996: 163）。夫が突然死亡する確
率が高い環境下では、妻は分割父性によって夫のきょうだい、父親、特別な
友人など民族ごとに適切とされる範囲内で夫以外の男性と性的関係を結ぶこ
とで、いわば子育てのセーフティネットを形成してアロケアを確実に担保す
ることが可能となる（Walker et al. 2010: 19197）。このように狩猟採集民の
社会では状況に応じて可変的に親子関係を組み替え、血縁者だけでなく非血
縁者も加えることによって柔軟にアロケアを提供している。

　以上から、非血縁者によるアロケアは、互恵的利他主義や長期的な互酬性
で説明が可能で、特に年齢別人口構成の偏りや女性の出生率のばらつきに
よって潜在的なアロマザーの人口に余剰がある場合に、非血縁者のアロケア
が促されることが分かる。こうした条件下では、親の養育負担の増大や離
婚・死別などの変化に応じて、血縁者だけでなく非血縁者も直接的あるいは
間接的なアロマザーとして柔軟に子育てを分担し支援する。

## 第5節　おわりに

　狩猟採集民に関する民族誌データからは、アロケアを促す要因として、物
理的な距離の近さ、母親の生業活動の制限に対する補填可能性、支援を提供
可能な人口の余剰が重要であることが明らかになった。
　環境やテクノロジーなどの条件を無視して狩猟採集民と日本社会を単純に

比較することはできないが、子どもをいつ生み育てるのかという生活史戦略の観点からは、中年期の養育負担の増大など文化を超えて共通する課題もみられ、ヒトの子育てで協同繁殖が不可欠であることが分かる。具体的なアロケアの実践に関しては、生業の違いが影響することは本論で述べた通りで、たとえば夫婦が子どもを連れて網猟を行うアカの家族と比べれば、日本の職場環境は家族成員間の物理的な距離を遠ざける方向に働き、核家族化の進行によって祖父母との同居も減少している。一方で母親は、仕事を制約する授乳負担をミルクで代替できる可能性があるとはいえ、子どもが経済的に自立するまでの期間は長期化し、そのあいだは学校教育が優先されるために年上のきょうだいからのアロケアを期待することもできない。

　そこで、家庭内の子育てで孤立する母親をサポートするために、父親もより積極的に子育てに関与することが求められるようになる。ただし夫婦２人のみでの養育には限界があり、拡大家族や親族によるアロケアの拡充も現実的でないとすれば、より広く社会全体で子どもを養育する環境を創り出すことが必要となってくる。実際に、保育園、幼稚園、学校などの教育機関、子育て支援や養子縁組といった制度は、当該家族や親族だけでなく非血縁者の人口によっても間接的あるいは直接的に支えられて成り立っており、根ヶ山らが指摘するように、これらの制度も広い意味でのアロマザリングと捉えることができる（根ヶ山他　2010: 5）。

　むろん、少子高齢化が進み人口減少も予想される日本社会において、支援を提供可能なアロマザーの人口には限りがあり、子育て世帯に加えて高齢者も支えるという構造は持続可能性で課題が残る。分割父性をはじめとして直面する課題に応じていわゆる「不自然」な文化的な慣習や制度を創出してきた人類は、ヒトの子育てに不可欠な協同繁殖の実践のために、これからも新たな文化的発明を生み出し続けるのかもしれない。

注
1）本論では、最適化モデルに基づく人間行動生態学分野の研究に主に焦点を当てて議論を進める。このため社会進化や進歩的な過程について論じるものではない。
2）他を意味するallo と結びつけて、アロペアレンティング（alloparenting）という用語

も一般的で、三浦（2010: 11）は「生物学的（遺伝学的）な『母』または『親』以外の個体が同種他個体の子どもを養育すること」と定義づけている。本論では、根ヶ山他（2010: 1）の「日本において『母親による養育』への強い期待と圧力があることへの問題意識」に倣ってアロマザリングという用語を使用する。

3）適応度の最大化の指標に関しては、フィールドワークによる実証研究の分野では遺伝子レベルでの適応度を計測するのは困難であるため、森田（2017: 33）が指摘するように、繁殖可能な年齢まで達した子どもの数を用いるのが一般的である。

4）Sear et al.（2008: 3）を参照。Sear et al.（2011）は同論文のデータをもとに加筆したものである。

5）Sear et al.（2011: 88）が指摘するように、親族からのアロケアの効果を検証するには子どもの生存率は極端な指標である。このため、近年は子どもの発達や認知、学習に対する効果を検証する試みがはじまっている（森田 2017: 34）。

6）この比較文化研究は、Murdock et al.（1969）が主導して構築したスタンダード・クロスカルチュラル・サンプル（Standard Cross-Cultural Sample, 以下 SCCS）のデータベースを用いたものである。SCCS は、いわゆる「ゴルトン問題」に対応して開発されたもので、エスノグラフィック・アトラス（Ethnographic Atlas）で収集された 1250 以上にのぼるサンプルを地理的な隣接性と文化的類似度に応じて 200 の地域にクラスター化し、さらにそこからデータの不足や類似性等の問題に配慮して、相互に独立した 186 の社会をサンプルとして抽出して比較文化研究のためにコード化したものである。

7）農耕民のカテゴリーは特に集約農業を行う社会を指し、このカテゴリーで SCCS から抽出したサンプルの一部には産業化した社会も含まれる（Marlowe 2000: 48）。また、ダイレクトケアの指標である「父親と子どもの近さ」は、Barry et al.（1971）が「乳児と幼児」をテーマに「父親の役割」（SCCS の v53 と v54）の項目でコード化したデータを利用しており、乳児（infant）は 1 歳未満程度まで、幼児（early childhood）はおおよそ 1 歳から 4、5 歳までを指し、離れている（distant）から定期的に近い（regularly close）までの 5 段階の尺度を用いている。一方のインダイレクトケアは、Whyte（1978）が「女性の相対的な地位」をテーマとして「生業全体に対する女性の貢献の割合」（SCCS の v585）、「生業活動に費やす相対的な時間と労力」（SCCS の v586）の項目でコード化したデータを用いて男性側の値を算出したもので、それぞれ前者は低い（low）から高い（high）までの 8 段階の尺度、後者は明らかに男性の方が費やす（men clearly expend more）、ほぼ同じ（men and women expend roughly equal）、明らかに女性の方が費やす（women clearly expend more）という 3 つの尺度を用いている。

8）Marlowe（2003: 220）が指摘するように、父親からの投資は実子と継子で差があり、以上のデータは父親から生物学的な子どもへの貢献度に特に焦点を絞ったものである。

9）北西（1997: 3）の報告では、最初の妻方居住はほぼ確実に行われるが、その後妻方に

とどまって夫方に移動しない例もよく観察される。

10) Marlowe（2003: 226）はホークスらの調査データに関して、コミュニティで分配される大きな獲物に注目する一方で父親が家族に持ち帰る蜂蜜などの肉以外の食物の重要性を軽視していること、また、生物学的な父親と継父からの食物供給の差を考慮に入れていないことを指摘し、父親から子どもへの投資を過度に軽視する「見せびらかし」説を批判している。

11) Kramer（2010: 427）は同じ文脈で長期的な相利共生（long-term mutualism）という用語を用いているが、本論では West et al.（2007: 419-420）の概念整理に従って互酬性（reciprocity）という用語を使用する。

12) Hewlett（1992b: 9-12）は、14歳以下を被扶養者（dependent）、15歳以上を扶養者（independent）と設定して子どもと大人を区別している。

**引用文献**

Barry, H., & Paxson, L. M., 1971, "Infancy and early childhood: Cross-cultural codes 2," *Ethnology*, 10 (4): 466-508.

Beckerman, S., & Valentine, P., eds., 2002, *Culture of multiple fathers: The theory and practice of partible paternity in lowland South America*, Gainesville: University Press of Florida.

Denham, W. W., 2015, "Alyawarra kinship, infant carrying, and alloparenting," *Mathematical Anthropology and Cultural Theory*, 8 (1).

Griffin, P. B., & Griffin, M. B., 1992, "Fathers and childcare among the Cagayan Agta," B. S. Hewlett ed., *Father–child relations: Cultural and biosocial contexts*, New York: Aldine de Gruyter, 297-320.

Hawkes, K., & Bird, R. B., 2002, "Showing off, handicap signaling, and the evolution of men's work," *Evolutionary Anthropology*, 11: 58-67.

Hawkes, K., O'Connell, J. F., & Blurton Jones, N. G., 1989, "Hardworking Hazda grandmothers," V. Standen & R. Foley eds., *Comparative socioecology: The behavioural ecology of humans and other mammals*, London: Blackwell, 341-366.

Hawkes, K., O'Connell, J. F., & Blurton Jones, N. G., 1995, "Hadza children's foraging: Juvenile dependency, social arrangements, and mobility among hunter-gatherers," *Current Anthropology*, 36 (4): 688-700.

Hawkes, K., O'Connell, J. F., & Blurton Jones, N. G., 2001, "Hunting and nuclear families: Some lessons from the Hadza about men's work," *Current Anthropology*, 42 (5): 681-709.

Hewlett, B. S., 1991a, *Intimate fathers: Nature and context of Aka pygmy paternal infant care*, Ann Arbor: University of Michigan Press.

Hewlett, B. S., 1991b, "Demography and childcare in preindustrial societies," *Journal of Anthropological Research*, 47: 1-37.

Hewlett, B. S., 1992, "Husband–wife reciprocity and the father–infant relationship among Aka pygmies," B. S. Hewlett ed., *Father–child relations: Cultural and biosocial contexts*, New York: Aldine de Gruyter, 153-176.

Hiatt, B., 1974, "Woman the gatherer," F. Gale ed., *Woman's role in aboriginal society*, Canberra: Australian Institute of Aboriginal Studies, 4-15.

Hill, K., & Hurtado, A. M., 1996, *Ache life history: The ecology and demography of a foraging people*, New York: Aldine de Gruyter.

Hill, K., & Hurtado, A. M., 2009, "Cooperative breeding in South American hunter-gatherers," *Proceedings of the Royal Society B*, 276: 3863-3870.

Hrdy, S. B., 1999, *Mother nature: A history of mothers, infants, and natural selection*, New York: Pantheon Books.

Ivey, P. K., 2000, "Cooperative reproduction in Ituri Forest hunter-gatherers: Who cares for Efe infants," *Current Anthropology*, 41 (5): 856-866.

Kelly, R. L., 1995, *The foraging spectrum: Diversity in hunter-gatherer lifeways*, Washington: Smithsonian Institution Press.

北西巧一, 1997, 「狩猟採集民アカにおける食物分配と居住集団」『アフリカ研究』51: 1-28.

Kramer, K. L., 2010, "Cooperative breeding and its significance to the demographic success of humans," *Annual Review of Anthropology*, 39: 417-436.

Marlowe, F. W., 2000, "Paternal investment and the human mating system," *Behavioural Processes*, 51: 45-61.

Marlowe, F. W., 2003, "A critical period for provisioning by Hadza men: Implications for pair bonding," *Evolution and Human Behavior*, 24: 217-229.

三浦慎悟, 2010, 「動物におけるアロマザリング——哺乳類を中心に」根ヶ山光一・柏木惠子編『ヒトの子育ての進化と文化——アロマザリングの役割を考える』有斐閣, 11-30.

森田理仁, 2017, 「進化生物学から見た子ども学研究——学際研究に向けて」『チャイルド・サイエンス』13: 33-36.

Murdock, G. P., & White, D. R., 1969, "Standard cross-cultural sample," *Ethnology*, 8 (4): 329-369.

根ヶ山光一・柏木惠子, 2010, 「人間の子育てを理解する窓としてのアロマザリング」根ヶ山光一・柏木惠子編『ヒトの子育ての進化と文化——アロマザリングの役割を考える』有斐閣, 1-8.

Reher, D. S., & González-Quiñones, F., 2003, "Do parents really matter? Child health and development in Spain during the demographic transition," *Population Studies*, 57: 63-75.

Sear, R., & Coall, D., 2011, "How much does family mater? Cooperative breeding and the demographic transition," *Population and Development Review*, 37 (supplement): 81-

112.

Sear, R., & Mace, R., 2008, "Who keeps children alive? A review of the effects of kin on child survival," *Evolution and Human Behavior*, 29: 1-18.

Tronick, E. Z., Morelli, G. A., & Winn, S., 1987, "Multiple caretaking of Efe (pygmy) infant," *American Anthropologist*, 89 (1): 96-106.

辻和希, 2006, 「血縁淘汰・包括適応度と社会性の進化」長谷川真理子・河田雅圭・辻和希・田中嘉成・佐々木顕・長谷川寿一編『行動・生態の進化』岩波書店, 55-120.

Walker, R. S., Flinn, M. V., & Hill, K., 2010, "Evolutionary history of partible paternity in lowland South America," *Proceedings of the National Academy of Sciences of the United States of America*, 107 (45): 19195-19200.

Weisner, T. S., & Gallimore, R., 1977, "My brother's keeper: Child and sibling caretaking," *Current Anthropology*, 18 (2): 169-190.

West, S. A., Griffin, A. S., & Gardner, A., 2007, "Social semantics: Altruism, cooperation, mutualism, strong reciprocity and group selection," *European Society for Evolutionary Biology*, 20: 415-432.

Whyte, M. K., 1978, "Cross-cultural codes dealing with the relative status of women," *Ethnology*, 17 (2): 211-237.

# 第Ⅲ部
# 次世代の職業的／日常的「専門家」を育てる
### ——社会福祉における「ソーシャル」
### （社会的なるもの）の意味——

# 第7章　人間健康学としての社会生態学と　　ソーシャルワーク教育

西川　知亨

## 第1節　はじめに

　生活困窮、高齢化、被災、介護、児童虐待、地域解体などの問題をはじめ、現代では多くの福祉的課題が累積し、十分な支援が行き届かずに多くの人々の人権が脅かされている。そのような課題の解決を目指す実践的な方法として、人と社会をとりむすぶ「ソーシャルワーク」が注目されている。しかし、現在のソーシャルワーク教育は、ミクロレベルの面接技術教育や制度の説明に終始しがちなことをはじめ、課題が多い（「福祉新聞」2015年11月18日）。現代の日本の福祉の授業では、ミクロな場面でのコミュニケーションについては一定の支援法を提供してきたが、他方で、福祉的課題の構造的要因や社会的背景を見えにくくしてしまうこともある。多くの福祉の現場においても、支援が持続しなかったり、福祉従事者のバーンアウト（≒燃え尽き症候群）を引き起こしたりするなど、総合的な問題要因分析とコントロール（有効な援助の創発）を可能にする「異元結合」（異なる次元のものを結合させて別次元のものを生成させる所作）がない状態が続いている。一方で、ベテランのソーシャルワーカーは、実際に福祉の現場において、上記の問題を解決するような実践を行っていることも事実である。種々の福祉の現場において実践されているソーシャルワークに学びながら、それを批判的にとらえて洗練化を図ることが必要である。

　このような状況において、筆者が所属する関西大学人間健康学部・福祉と健康コースは、ソーシャルワーク教育をリフレクシブに再検討し、本学の理念である「学の実化」を実現するソーシャルワーク教育を目指している。本稿では、ソーシャルワーク教育における総合的社会認識の意義を浮かび上がらせるためのパースペクティブを提供することを目的とする。現状や問題を

乗り越えるための批判的視点や社会的背景の考察が欠けていると指摘されがちなソーシャルワーク教育において、プラグマティズムの伝統を引き継ぐシカゴ学派社会学・社会（人間）生態学を補助線にして、その持続可能性を追究する方法論を検討することを目指したい。第2節においては、現在のソーシャルワーク教育がかかえる問題の背景について探る。第3節においては、筆者が所属する関西大学人間健康学部が推進する「人間健康学」について、社会学者のデュルケムの考え方を用いながら考察する。第4節においては、デュルケムの伝統の影響を受けながらプラグマティズムの考え方を実現するシカゴ学派の社会学・社会生態学を用いて、二分法の総合、クリティカルな方法論、自己と社会に関する「もうひとつの」エコロジー理論について考察する。第5節においては、ソーシャルワーク教育実践への方向性を示し、実証的研究を介して社会学と社会福祉学を架橋する可能性について示したい。

## 第2節　問題の背景

### 1.　ソーシャルワーク教育の課題

ソーシャルワーク教育についての批判として、ミクロな相談援助の技法と、マクロな水準で運用されている社会保障制度があたかも無関係なものとして分離してとらえられることが挙げられる。この背景には、ベテランのソーシャルワーカーなどが実践の場面で行っている二分法の総合的視点が、教育の場面では欠落していることもある（cf. 狭間 2016）。本節においては、ソーシャルワーク教育において二分法の総合的視点が求められる背景について、「社会的背景」「教育的背景」「学術的背景」に分けてふれておきたい。

### 2.　社会的背景

福祉的課題のなかでも、たとえば貧困問題については、日本でも研究や実践において長い歴史がある。とくに2000年代半ばごろから日本社会に広がる貧困について問題化されてきた（西川 2015, 2018）。そのなかでも、たと

えば活動団体が指摘したのは、「貧困は家族・自分の責任」とするような、「福祉の自己責任論」の問題性である。また、社会学（とくに医療社会学などの文脈）においては、「健康至上主義イデオロギー」、「犠牲者非難イデオロギー」の浸透や、社会問題の「医療化」また「個人化」も指摘されてきた。医療化に関して言えば、たとえば、子どもの「貧困」による学力低下の問題を、個人の病気・障害カテゴリーの創造によって対処するということが、いまだに頻繁に行われている。また、とくにリーマンショック以後の2000 年代後半からは、若年世代の非正規労働者の増大の原因を、コミュニケーション能力の欠如や労働意欲の欠落など、個人の属性などに帰するということも行われてきている。つまり、問題の所在を社会ではなく個人のみに求め、個人・自己責任論により問題を隠蔽し、社会の問題を個人の問題にすりかえるということが行われてきたのだ。

## 3. 教育的背景

　教育的背景については、冒頭で引用した記事におけるある著名なソーシャルワーカーの次のような言葉が象徴的である。「私は社会福祉学部、大学院を修了したが、面白くなかった。制度の解説、面接技術などミクロレベルの技術に傾倒していた。ソーシャルワーク教育は失敗したと言わざるを得ない」（藤田氏）（「福祉新聞」 2015 年 11 月 18 日）。やや辛辣な言葉ではあるが、現代のソーシャルワーク教育のもつ課題の所在を示している。つまり、クリティカルな視点がなく、異元結合もない。すなわち、知的面白さを感じられない。異元結合とは、二分法の総合を意味し、ケストラーや、本学人間健康学部・ユーモア学プログラムによるユーモアや笑い分析の基本概念としても用いられている（森下 1996）。

　また、社会福祉士養成課程の教育において、現行の「社会理論と社会システム」（2021 年 4 月以降は「社会学と社会システム」）科目の意義や必要性はもっと強調されてもよい。学生の多くは、なぜ社会と個人についてクリティカルな視点をもつことが必要なのかなかなか理解できずにいる現状にある。たとえば、授業において、育児に関するグループワークを仮企画する場

合に、日本型雇用システムにおける専業主婦の母親のみを想定した支援計画（育児する父親を排除？）を立てさせるなど、ある特定の家族像（近代家族像）を前提とした「ソーシャルワーク」教育を行ってしまっていることもある（cf. 工藤・西川・山田編 2016）。利用者の受容を心掛けながらも（バイスティックの7原則のうち「受容の原則」）、たとえば利用者自身が語る自己責任論的な発言を問い直すなど、相談援助におけるクリティカルな視点が結局は、利用者の受容を促進することも多い。二分法を総合するクリティカルな視点は、相談援助における個別支援から地域支援、またミクロ・メゾ・マクロレベルのソーシャルアクションを構想・実践するために非常に重要である。

## 4. 学術的背景

　日本の状況だけでなく、アメリカ社会学を概観してみても、社会学と福祉が袂を分かつこととなった残念な歴史がある（高山 1998）。
　19世紀末にシカゴ大学社会学科が創設されてから、ジェーン・アダムズらによるハルハウス活動と緊密な連携の下で教育研究活動が展開されてきた。その後、パークらによる初期シカゴ学派の黄金時代を迎え、その頃になると、あれほど緊密な関係をうたっていたハルハウスとの関係についての記述が学科パンフレットから消え、「科学」としての社会学を強調する時代を迎える。グリーンバイブル、すなわち『科学としての社会学入門』（Park and Burgess eds. 1921）は、その時代の金字塔となっている。これは初期シカゴ学派における社会学と福祉の決別ととらえられる（高山 1998）。指導者パークは、福祉 VS. 科学の二分法のもとに、福祉より「科学」を強調したのである。そのため、社会学と福祉が分離していくという残念な結果をもたらした。
　現代の日本の状況はどうであろうか。現代日本の福祉系の学会においては、社会学のシステム論的アプローチやエコロジカルアプローチに期待が寄せられている（三島 2010）。しかし、その中身がソーシャルワークの授業においてどのように教えられているかというと、まだ課題は山積みである。
　このような背景のもとで、現代の社会福祉学が社会学に求めていると考え

られるものを 3 点あげておこう。

　1 つ目は、システム論アプローチである。このことはしばしば指摘されている（三島 2010）。社会福祉へのアプローチの一つとして、「システム論」的アプローチは、教科書に必ず記述されている。（2020 年 3 月現在）現行の社会福祉士養成課程における社会学の科目名も、「社会理論と社会システム」となっていることからもうかがえる。福祉的課題は一要因というよりも、さまざまな社会過程が作用する結果であり、原因でもある。

　2 つ目は、ミルズの言う「社会学的想像力」である。冒頭で述べたような「制度と相談援助の断絶」などのソーシャルワーク教育のもつ問題は、社会学的想像力の欠如と言い換えることもできる。「エコマップの向こう側にあるもの（社会変動など）とこちら側にあるもの（相談援助場面の相互作用秩序など）」の両方をみる必要がある。

　3 つ目は、ワーカーのレリバンス（前提とする枠組み）を問い直し、エビデンスに根差した福祉実践を保証するための「社会調査法」の構築である。社会福祉士養成課程においては、「社会調査の基礎」科目として設定されている。後述するが、社会調査法には、質的・量的な総合的アプローチが内在されている。

　個人と社会のダイナミクスを描く社会学は、「行為と社会」「質的調査と量的調査」「順機能と逆機能」（システム論）などの二分法の総合的視点が求められているように思われる。その際、デュルケムからシカゴ学派社会生態学への展開過程を参照することが役に立つ。

## 5.　二分法の総合による社会学的ソーシャルワークに向けて

　このような背景のもとに、社会学がソーシャルワーク教育に寄与できることは何だろうか。

　福祉教育において、時に問題を理念・意識・能力のみの問題にしてしまうことがある。また、グループダイナミクスの考え方等も、場の力動性を過小評価し、舞台装置が生み出す雰囲気などについては看過しがちである。理念においても時間・空間においても狭い視野に陥り、ミクロ－マクロリンクが

見失われることがある。いいかえれば、「エコマップの向こう側にあるものとこちら側にあるもの」の両方を見ていないこと、また福祉方法論上の二分法の断絶を問題視しないことに問題がある。

　たしかに、「福祉マインド」は、持続可能な社会の形成にとって一翼を担っている。しかし、異元結合の視点を取り入れることによって、よりバランスのとれた妥当な支援に結びつけられるであろう。多くの福祉の現場において、支援が持続しなかったり、福祉従事者のバーンアウト（≒燃え尽き症候群）を引き起こしたりする要因や、その他、種々の福祉的課題の「真の」要因を解明するためにも、また、より良好で有効な相談援助を実現するためにも、広い視野が必要となる。

　もともと社会学には、二分法の総合を示すさまざまな理論や概念にあふれている。社会学、とくにミクロ社会学などでは、「不協和によるパースペクティブ」という言葉が使われる。気づかないふりをしながら十分に「計算」された行為を行おうとする状況をさした「戦略的何気なさ」や、インターネット上などの匿名的な状況で親密な行為を行う対象となる人をさした「親密な見知らぬ人」は、その例をあらわしている。

　社会福祉領域における二分法の総合については、狭間（2016）などの研究がある。狭間の研究は、二分法の単極に陥りがちだった福祉実践に一石を投じる優れた研究である。この研究と本稿の違いは、本稿では、デュルケムに由来しシカゴ学派社会学を経由した生態学観を活用し、〈理論－調査－実践〉の道筋を模索するというところにある。実証科学にもとづく調査理論に依拠しており、人と社会の関係性について実証的に考察しやすい。二分法を超越する理論的パースペクティブを考えることにより、現在の福祉教育で欠落しがちなものを補いうる可能性がある。

## 第3節　人間健康学とは

### 1.「こころ・からだ・くらし」を展開する人間健康の学

このような背景のなかで、関西大学人間健康学部で教育研究が展開されている「人間健康学」は何ができるだろうか。

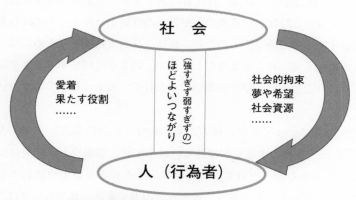

#### 図1　「社会的健康」の図の例

（デュルケムの理論をもとに筆者作成。ただしデュルケムは、社会→人の矢印をより強調する。西川（2021: 16）においても活用。）

人間健康学部では、「こころ・からだ・くらし」をひとつのキーワードにして、教育活動を行っている。身体状態を「健康」に保つのみが、真の健康ではなく、こころも、文化的にも健康であるいわば「健幸」状態を追究するのが人間健康学であると位置づけている。人間健康学部においては、「スポーツと健康コース」および「福祉と健康コース」の2コースと、「ユーモア学プログラム」の1プログラムがある。社会福祉学、体育学、教育学、社会学、文化人類学、生理学、医学、哲学、心理学、ユーモア学など、さまざまなディシプリンに基づく教育研究が行われている。

人間の健康に関する諸問題のなかでも、「福祉と健康コース」は、主に社会的健康について追究しているといえる。社会的健康とは言うまでもなく、

ヘルスのみならずウェルビーイングをも追究する概念である。その際、100年以上前に活躍した社会学者デュルケムの考え方は役に立つ（図1）。

## 2.　デュルケムの理論をもとに

　デュルケムの『自殺論』で示されるような集合的傾性と社会的拘束の理論は、社会的健康について考えるにあたって非常に重要である（西川 2021: 14-16）。彼の社会学方法論は、方法論的集団主義（方法論的集合主義、方法論的社会主義）と呼ばれ、要素の総和以上の性質が全体として現れる創発特性に着目するものである。そのため、彼は、社会を把握するためには、一人ひとりではなくて、社会をまるごと「モノ」のように観察することを提唱する。これは、たとえば化学や物理学でとられているような科学的な方法である。

　デュルケムにとって社会、彼の言葉でいう「社会的事実」とは、人々を「外在」的に「拘束」するものである。法や規範、習慣など、社会にはさまざまな制度があるが、そのような制度は、さまざまな歴史や活動の集合によって作られているものであり、個人一人の力で変えられるものではない。

　人よりもむしろ社会に着目する考え方が典型的に表れているのは、彼の有名な『自殺論』である。彼は、ある集団とある集団の自殺率を比較する。ある集団では自殺率が高いのに、ある集団では自殺率が低いのは、集合意識などの集団の傾向が異なるからである。自殺率が低い社会は、人と人とのつながりに由来する社会的連帯にもとづく集合意識がしっかりしている。逆に自殺率の高い社会は、人と人とのつながりも弱く、社会的連帯にもとづく集合意識が希薄であり、社会病理を生みやすい状態にある。

　このように社会を観察し、デュルケムは、自殺のタイプを整理している。人が社会とつながっておらず、社会への愛着も感じないことで生じる自殺を、彼は、自己本位的自殺と呼んだ。また、前近代社会から近代社会への社会変動とともに、自由や平等といった価値観が広がることで、あきらめがつかなくなり、欲求が無限昂進するような状態も、彼は自殺の原因とした。こうして生じる自殺を、アノミー的自殺と彼は呼んだ。アノミーとは、社会が

個人に対して拘束する規制が、ゆるんだ状態を指す。

　こう論じると、人と人とのつながりが強いほど望ましい健全な社会であると思われるかもしれない。しかし、デュルケムは、種々のデータから、そうは考えなかった。人と人とのつながりや、人と社会のつながりが強すぎる社会では、人々は集団に埋没し、自分が自分でいられなくなってしまう。これも自殺の原因となる。彼の言う集団本位的自殺である。また、彼は、これらの３つの類型ほど詳しくは論じていないが、前近代社会における「奴隷」のように、社会からの規制が強すぎることによって生じる自殺について、宿命的自殺と呼んでいる。

　このように、社会と個人の双方向のつながり、とくに社会から個人への拘束の強弱によって、デュルケムは社会の状態を表した。自己本位的自殺やアノミー的自殺は、近代社会に典型的な自殺であるのに対して、集団本位的自殺や宿命的自殺は、前近代社会に典型的な自殺類型である。デュルケムのいう「集団本位的自殺」や「宿命的自殺」は、個人と社会のつながりが強すぎることに由来する自殺である。逆に、「自己本位的自殺」と「アノミー的自殺」は、個人と社会のつながりが緩すぎることによって起きる自殺である。平たい言葉でいうと、社会的絆というものは、「強すぎてもダメだし弱すぎてもダメで、ほどほどがよい」ということになる。デュルケムの考えをもとにすると社会的健康の状態とは、人と人あるいは社会が「ほどほどに」つながっている状態であるといえる。社会的拘束について、「社会的絆の強弱の二分法を総合する視点」が見られるという意味で重要である。また、「ほどほどのつながり」の意義というのは、本書のテーマの一つである「ポスト・ソーシャル時代」の考え方とも相似している。

　デュルケムの社会学の伝統は、シカゴ学派社会生態学にも受け継がれ、より具体的な社会的文脈のもとで使われるようになってくる。

## 第4節　シカゴ学派の人間生態学

### 1. クリティカル・リフレクシビティから総合的社会認識の生態学理論へ

　社会福祉実践における生態学的方法は、「エコロジカル・アプローチ」として知られている。そこでよく言及されるのがジャーメインらのアプローチであるが、本稿においては、ソーシャルワーク教育の社会学的検討という趣旨に即して、二分法を総合してワーカーの視野の拡大を可能にする可能性のあるシカゴ学派の社会生態学を活用したい。いわば、「もうひとつのエコロジー理論」である。

　ソーシャルワーカーが、一元的価値から脱却した支援を可能にするために、自己のみならず「社会」を把握するために必要となる方法や視点としては、クリティカルシンキング（隅広 2010）やリフレクシビティが考えられるが、本稿においては、社会問題の要因・背景の所在を、個人から社会へとシフトする社会イメージづくりとして役立つものとして、初期シカゴ学派の人間生態学のパースペクティブを検討したい。

### 2. 人間生態学にもとづく総合的社会認識のイメージ

　デュルケムの社会形態学の影響を受け、初期シカゴ学派の社会学者たちは、都市生態学の視点からシカゴなどの社会解体の状況を記述・分析していった。

　シカゴ学派の人間生態学は、人びとの生活する都市などの地域を対象に、時間的・空間的に把握することが基本となる。ここで、すでに論じている西川（2008）に依拠しながら、初期シカゴ学派の人間生態学における質と量、時間と空間の「総合」についてまとめておく（Burgess 1916, [1925] 1967, 1927, [1930] 1966, 1932, 1935, 1945a, 1945b, [1950] 1980, 1954, 1955a, 1955b, 1957, 1960a, 1960b, 1960c; Frazier 1931, 1932a, 1932b, 1937, 1939, 1947, [1957] 1965, 1963, 1965, 1968）。

　人間生態学の世界においては、社会学的方法・事象が動的に、そして複雑

に絡みあっている。そうした世界の理解のために、そのスナップショットビューを単純化して示しておきたい。その概念例を図に簡略に示してみせたのが、**図2**である。研究対象は人間生態学の概念で「自然地域」と呼びうる、あるコミュニティである。このコミュニティを時間的・空間的、かつ質的・量的に把握するのを可能にするのが人間生態学だが、これらを解きほぐしてあらためて示してみる。まず、「空間」としてのコミュニティに注目しよう。このコミュニティは、その地域特性にしたがって、地域Ⅰ、地域Ⅱ、地域Ⅲ……と区分される。この仮想のコミュニティを概観してみると、地域Ⅰでは、人口も多いばかりでなく、逸脱要素も多いようである。逆に地域Ⅲは、地域ⅠやⅡに比べて、人口も少なく、犯罪などの逸脱要素も少ないようである。これを、統計データをもとにして量的に把握してみると、地域Ⅰから地域Ⅱ、地域Ⅲとみていくにしたがって、逸脱率や人口移動率はだんだんと低くなる。今度は、これらを質的に、つまりインタビュー法や参与観察法、ドキュメント法で調査してみると、地域Ⅰでは、街のすさんだ雰囲気や人々の語りなどから、「社会解体」が進み、住民意識・コミュニティ意識も低いことが明らかとなる。逆に、地域Ⅲでは、自分たちの住む近隣が安定したよりよい地域になるよう、逸脱要素に対抗する策を講じているなど、住民意識・コミュニティ意識が高いことが明らかとなる。これを、地域ごとに、三角測量法（triangulation）で比較し、裏づけがなされる。こうして描かれたコミュニティの「分化」の様子は、各調査方法論の強みと弱みが認識された上で、ある種のリアリティをもって浮かび上がる。地域Ⅰは、逸脱の要素も多く、割合も高い。逸脱を抑止しようとする住民意識も低い。生活解体を引き起こしている人びとも多い。他方、地域Ⅲは、逸脱の要素も少なく、割合も低い。逸脱を抑止しようとする住民意識が高く、比較的組織化された家族が住まう。かくして、空間的側面は、質的・量的に把握される。さらには、こうした各地域、コミュニティは、「時間」の経過とともに変容する。地域Ⅰが、ある時点からある時点にかけて、どのように変容したかを表す量的、質的な調査データで考察する。たとえば、地域Ⅰは、ある時点からある時点にかけて、逸脱率が上昇した。これをインタビュー法、参与観察法、ド

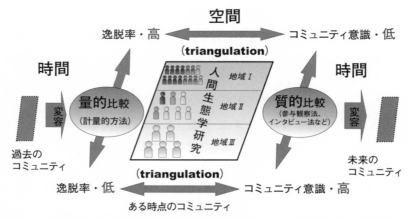

**図2　初期シカゴ学派の人間生態学にもとづく総合的社会認識のイ
メージ図（西川　2008: 290）**

キュメント法で把握してみると、たとえば、逸脱要素の多さに辟易した、余
裕のある組織化された家族らが、別の地域に引越しをしたことが明らかとな
る。典型的にはみるみるすさんでいく雰囲気に表れるような、コントロール
されない地域性によって、さまざまな形で逸脱を誘引している様子が浮かび
上がってくるかもしれない。他方、地域Ⅲでは、たとえば、ある時点からあ
る時点にかけて、逸脱率が低下した。これをインタビュー法、参与観察法、
ドキュメント法で把握してみると、たとえば、逸脱要素に対して、近隣の子
どもへの見守りの取組みなど、地域社会を組織化して対抗しようとする住民
の姿が明らかとなるかもしれない。このような調査によって、コミュニティ
の将来の姿について、ある程度の予測が可能となり、それに応じたフォーマ
ルあるいはインフォーマルな対策を勘案することができよう。
　こうした初期シカゴ学派の人間生態学観は、第二次シカゴ学派の時代にな
ると、パーソンズの構造－機能主義への懐疑も後押しして、相互作用論の伝
統と結びついて発展する。初期シカゴ学派に由来する生活史研究から、第二
次シカゴ学派の相互作用秩序研究へと至るこの展開史は、ミクロ－マクロの
着想に役立つのみならず、ソーシャルワークの方法論における二分法の総合
的視点を提供してくれる。

## 第5節　総合的社会認識によるソーシャルワーク教育実践へ

### 1.　ソーシャルワーク教育実践

　クリティカルシンキングやリフレクシビティを進め、「社会」を把握するのに役立つ総合的社会認識にもとづくソーシャルワーク教育について、具体的にどのように行えるか、一例を示しておきたい。

　社会福祉士養成課程における実習生たちが、実習前に「留意すべきこと」として指導される事項は数多いが、そのひとつとして、「個人情報保護などの情報倫理の遵守」が求められる。近年、SNS 利用により福祉機関・施設の情報が漏洩するなどのリスクについて指摘されているが、各大学は、情報倫理についても対応を迫られている。

　たとえば、本学で行っている授業や指導では、「SNS に個人情報を書き込むのはダメ」という規範的なコントロールのみに頼るのではなく、情報倫理に関する逸脱行為が起きる「背景」と、その行為による（多くはマイナスの）「社会的機能」について討論するグループワークを実施している。学生たちは、起こりうる逸脱行為、およびその影響について、広い観点から考察している。

　社会的背景について考え、またミクロ－マクロの両面から順機能・逆機能をとらえ、「社会学的想像力」（ミルズ）を養うことにも力を注いでいる。個人の行為のリフレクシビティを高めるのみならず、マクロ・メゾ・ミクロレベルでのソーシャルワークを行うスキルを高める訓練のひとつとなっている。不適切な SNS 利用は、技術革新や実習プログラムのストレスなどに由来することにも注意しつつ、そのような行為が自分や利用者、施設、地域、社会などにさまざまな影響をおよぼすという想像が可能になる。

　私たちの教育実践はさらなる洗練化が必要で手探りなところもあるかもしれない。しかし逸脱行為を単に「ダメ」というだけでなく、背景と影響も考えさせる「社会学的想像力」をもとにした教育は、ただつながりを重視する傾向にあるソーシャル時代から一歩先の、さまざまなつながりの可能性とリ

スクを考慮することが求められるポスト・ソーシャル時代におけるソーシャルワークで必要になってくることは間違いない。

## 2. 社会学的ループと社会福祉学的ループ

　国内外において、ソーシャルワークについて、社会学と社会福祉学の方法論を横断し「総合」する試みはまだ端緒についたばかりである。そのなかにおいて、本稿にかかる研究の概念図は、以下の**図3**で示される。

　社会学分野は、デュルケムらの伝統の下、実証科学であることを重視してきた。多くの研究は、「理論と実証」の往復によって研究調査が進められる。それに対して、社会福祉学分野は比較的、実践を重視し、とくに利用者支援において大きく貢献してきた。しかし他方で、ともすれば特定の価値観や単一の方法論に基づく実践となってしまったところもあり（社会学は「多神教」で、社会福祉学は「一神教」と位置付けられることもある）、分析概念が局域的であることや社会構造の問題を看過してしまうという問題が指摘されてきた。

　本稿は、社会学と社会福祉学の両者の方法論の二分法の総合の可能性を探るものである。社会学史を修正活用した【理論】と【実証】を往復する社

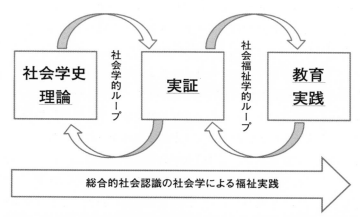

**図3　総合的社会認識の社会学を活用した福祉実践の概念図**

会学的ループ、およびエビデンスを重視する【実証】と「【教育】【実践】」
を往復する社会福祉学的ループを活用し、両者を絡み合わせる（entangle）
「総合」的研究を志向することで、いわば、「総合的社会認識の社会学を活用
した福祉実践」が可能となると本稿では考える。

## 3. 狭義の福祉実践を超え現代社会を生き抜く武器をつくる

　総合的社会認識の社会学を活用したソーシャルワークは、社会学的想像力
と社会調査という社会学の2つの道具によって具体化される。本稿ではその
補助線として、とくにシカゴ学派の社会（人間）生態学の観点を検討した。
　支援者が総合的社会認識をもつことで、問題発見能力を高め、社会関係の
圧力を相対化し、コントロール法を考案することができる可能性がある。
視点のシフトにより、広い視野を獲得し、自己責任論から解放されるとい
う効果も期待できる。支援者と被支援者の関係性についても、相互作用に
注目してみていくことによって、新たな発見があるであろう（cf. たとえば
Nishikawa（2011）で言及した「役割の柔軟性」についてなど）。福祉教育
における社会学（「社会理論と社会システム」科目」）の意義についても、総
合的社会認識のソーシャルワークという観点から見直されてよい。
　こうした視点からの教育は、これからのソーシャルワーカーに広い視野を
もたせるという効果がある。場の力とそれが見えなくしているものに気付く
ためには、ミクロとマクロを往復する想像力と調査力が必要となる。
　これからのソーシャルワーク教育として、（ソーシャルワーカーに限らず）
あらゆる人が、人と社会をつなぐソーシャルワークの手法を活かし、現代社
会を生き抜く武器を獲得するような教育が目指されている。

**引用・参考文献**

Burgess, Ernest W., 1916, "The Social Survey: A Field for Constructive Service by Departments of Sociology," *American Journal of Sociology*, 21: 492-500. = Leonard S. Cottrell, Jr., Albert Hunter, and James F. Short, Jr. eds., 1974, *Ernest W. Burgess: On Community, Family, and Delinquency*, Chicago: The University of Chicago Press, 264-272.

————, [1925] 1967, "The Growth of the City: An Introduction to a Research Report," Robert E. Park and Ernest W. Burgess and Roderick D. McKenzie, *The City: Suggestions for Investigation of Human Behavior in the Urban Environment*, Chicago: The University of Chicago Press, 47-62. (= [1965] 1978, 奥田道大訳「都市の発展——調査計画序論」鈴木広編『都市化の社会学』誠信書房, 1972, 大道安次郎・倉田和四生訳『都市』鹿島出版会, 49-64.)

————, 1927, "Statistics and Case Studies as Methods of Sociological Research," *Sociology and Social Research*, 12: 103-120.= Leonard S. Cottrell, Jr., Albert Hunter, and James F. Short, Jr. eds., 1974, Ernest W. Burgess: *On Community, Family, and Delinquency*, Chicago: The University of Chicago Press, 273-287.

————, [1930] 1966, "Discussion," Clifford R. Shaw, [1930] 1966, *The Jack-Roller: A Delinquent Boy's Own Story*, Chicago: The University of Chicago Press. (= 1998, 玉井眞理子・池田寛訳『ジャック・ローラー』東洋館出版社, 293-312.)

————, 1932, "Editor's Preface," E. F. Frazier, *The Negro Family in Chicago*, Chicago: The University of Chicago Press, ix-xii.

————, 1935, "Social Planning and the Mores", *Publication of the American Sociological Society*, 29 (3): 1-18. = Leonard S. Cottrell, Jr., Albert Hunter, and James F. Short, Jr. eds., 1974, Ernest W. Burgess: On Community, Family, and Delinquency, Chicago: The University of Chicago Press, 288-306.

————, 1945a, "Sociological Research Methods," *American Journal of Sociology*, 50 (6): 474-482.

————, 1945b, "Research Methods in Sociology," Georges Gurvitch and Wilbert E. Moore ed., *Twentieth Century Sociology*, New York: Philosophical Library. (= 1959, 内藤莞爾訳『社会学研究法』誠信書房.)

————, [1950] 1980, "Personal and Social Adjustment in Old Age," J. Douglas Brown and Clark Kerr and Edwin E. Witte, *The Aged and Society*, New York: Arno Press, 138-156.

————, 1954, "Values and Sociological Research", *Social Problems*, 2 (1): 16-20. = Leonard S. Cottrell, Jr., Albert Hunter, and James F. Short, Jr. eds., 1974, *Ernest W. Burgess: On Community, Family, and Delinquency*, Chicago: The University of Chicago Press, 307-313.

————, 1955a, "Human Aspects of Social Policy," *Old Age in the Modern World: Report of the Third Congress of the International Association of Gerontology*, Edinburgh and London: E. S. & Livingstone ltd, 49-58.

————, 1955b, "Our Dynamic Society and Sociological Research," *Midwest Sociologist*, 17 (1): 3-6.

————, 1957, "The Older Generation and the Family," Wilma Donahue and Clark Tibbits, *The New Frontiers of Aging*, University of Michigan Press. Ch. 12. = Bogue

J. Donald ed., 1974, *The Basic Writings of Ernest W. Burgess*, Community and Family Study Center, University of Chicago, 338-345.

――――, 1960a, "Aging in western Culture", Burgess Ernest Watson ed., 1960, *Aging in Western Societies*, Chicago: The University of Chicago Press, 3-28.（= 1975, 森幹郎訳『西欧諸国における老人問題』社会保険出版社, 19-60.）

――――, 1960b, "Family Structure and Relationships," Burgess Ernest Watson ed., 1960, *Aging in Western Societies*, Chicago: The University of Chicago Press, 271-98.（= 1975, 森幹郎訳『西欧諸国における老人問題』社会保険出版社, 450-501.）

――――, 1960c, "Résumé and Implications," Burgess Ernest Watson ed., 1960, *Aging in Western Societies*, Chicago: The University of Chicago Press, pp.377-388（= 1975, 森幹郎訳『西欧諸国における老人問題』社会保険出版社, 635-658.）

Frazier, Edward Franklin, 1931, "The Negro Family in Chicago," A Dissertation Submitted to the Graduate Faculty in Candidacy for the Degree of Doctor of Philosophy, Department of Sociology, University of Chicago.

――――, 1932a, *The Negro Family in Chicago*, Chicago: The University of Chicago Press.

――――, 1932b, *The Free Negro Family*, New York: Arno Press.

――――, 1937, "Negro Harlem: an Ecological Study," *American Journal of Sociology*, 43 (July): 72-88.

――――, 1939, *The Negro Family in the United States*, Chicago: The University of Chicago Press.

――――, 1947, "Sociological Theory and Race Relations," *American Sociological Review*, 12: 265-271.

――――, [1957] 1965, *Black Bourgeoisie*, New York: Free Press.（= 1977, 太田憲男訳『ブラック・ブルジョアジー――新興中産階級の勃興』未来社.）

――――, 1963, The Negro Church in America, New York: Schocken Books.（= 1972, 溝淵寛水訳『アメリカの黒人教会』未来社.）

――――, 1965, *Race and Culture Contacts in the Modern World*, Boston: Beacon Press.

――――, 1968, "The Negro Family in Chicago 1964," Frazier, Edward, Franklin edited and with an introduction by G. Franklin Edwards, 1968, *On Race Relations: Selected Writings*, Chicago: The University of Chicago Press, 119-141.

狭間香代子, 2016, 『ソーシャルワーク実践における社会資源の創出――つなぐことの論理』関西大学出版部.

工藤保則・西川知亨・山田容編, 2016, 『〈オトコの育児〉の社会学――家族をめぐる喜びととまどい』ミネルヴァ書房.

三島亜紀子, 2010, 「社会福祉の教育と研究における社会学」『社会学評論』61 (3): 307-320.

森下伸也, 1996, 『ユーモアの社会学』世界思想社.

西川知亨, 2008,「初期シカゴ学派の人間生態学とその方法——E・W・バージェスとE・F・フレイジアを中心にして」京都大学博士（文学）論文.

————, (Nishikawa, Tomoyuki) (2011) "Pauvreté relationnelle et résilience sociale dans le Japon contemporain," *Informations sociales*, 168, Caisse nationale des Allocations familiales, 96-102.

————, 2012,「現代日本における反貧困活動の展開——時空間の人間生態学」『フォーラム現代社会学』11, 関西社会学会, 41-53.

————, 2015,「貧困対抗活動の生態系と福祉社会——個人的／社会的レジリエンスの観点から」第88回日本社会学会大会報告原稿.

————, 2018,「貧困対抗活動の生態系と社会的レジリエンス」北野雄士編『変化を生きながら変化を創る』法律文化社, 112-125.

————, 2021,「社会学の歴史」安立清史・安達正嗣・西川知亨編（編集委員）『社会学と社会システム』（社会福祉士・精神保健福祉士養成講座）中央法規出版, 13-26.

Park, Robert Ezra and Ernest Watson Burgess, 1921, *Introduction to the Science of Sociology*, Chicago: The University of Chicago Press.

隅広静子, 2010,「クリティカル・ソーシャルワークにおける『クリティカル』概念の整理の試み——ソーシャルワーク教育に必要なクリティカル・シンキングの概念確立のために」『福井県立大学論集』34: 43-55.

高山龍太郎, 1998,「カリキュラムにみる初期シカゴ学派——1905年から1930年まで」『京都社会学年報』6: 139-162.

付記　本稿は、2018年10月26日実施の関西大学人権問題研究室第95回公開講座「人と社会をむすぶソーシャルワークを社会学的に再検討する——総合的社会認識の福祉教育の可能性」での講演内容を再検討し、論文化したものである。なお、本稿は、JSPS科研費 JP15K17205 および JP19K02148 などによる研究成果の一部でもある。

# 第8章 「制度のあいだ」と伴走型支援

狭間 香代子

## 第1節 はじめに

　複合的ニーズをもち、社会的に排除されている人々の存在が顕在化している。これらの人びとは、経済的困窮だけでなく、社会的な関係も欠如している。従来の社会保障制度が経済的保障に重点化した対応であったために、「制度の狭間」にあって制度を利用できずにいる人びとである。

　この問題に対応するために、政策的には地域共生社会の実現を図るための取り組みが図られている。最新の提言では、伴走型支援を対人援助のアプローチとして位置づけて、包括的支援体制の構築を目指すことが示された。

　本稿では、「制度の狭間」問題をロゴス的論理から把握し、制度が本来的にもつ限界を論じる。さらに、それを解消するための伴走型支援をレンマ的論理から読み解き、その意義について考察するものである。

## 第2節 地域共生社会の実現を巡る政策的動向

### 1.「制度のあいだ」の問題

　社会福祉領域では、近年になって「制度」を利用できない、制度の谷間にいる人々の存在について論じられている。国の施策の中では、2000年の「社会的な援護を要する人々に対する社会福祉のあり方に関する検討会」報告書で取り上げられた（厚生労働省 2000）。

　同報告書では、現代社会では「つながり」が脆弱化する一方で、社会的排除や不平等・格差などが生じており、それらの問題に社会福祉がいかに立ち向かうべきかについての方向が示されている。具体的には、貧困だけでな

く、心身の障害や不安、社会的排除や摩擦、社会的孤立や孤独といった問題が、複合化して顕在化しており、社会保障や社会福祉の制度は、これらの問題に十分に対処できていないとされる。

　その理由の一つとして、行政が「制度の谷間に落ちる」状態の人びとを見過ごしているとの指摘がある。具体的に制度がもつ問題については、「制度に該当しない」、「制度がうまく運用されていない」、「制度にアクセスできない」、「制度の存在を知らない」といった点が例示されている。

　この課題に対して、新たな「つながり」の構築が提言されており、その中で特に社会福祉についての相反する要請を取り上げ、これらが調和、両立することが必要だとしている。それらは、①専門性の向上を図るための制度の分化と、総合性を確保するための制度の調和、②制度化を必要とする課題と、制度的でない手法によって対応すべき課題の整理についての社会的合意の形成、③専門家の養成・確保と幅広い住民の参加、④主体性と社会的支援との調和などが挙げられている。

　ここで問題となっているのは、制度の分化と統合化との関係および専門的支援と住民参加の促進ということである。このような課題に対して、さらに新たな政策的な展開がなされる。

## 2.　地域共生社会実現の政策的動向

　厚生労働省は2015年に「新たな時代に対応した福祉の提供ビジョン」を取りまとめた。そこでは、複合的なニーズを抱える人々の増加に対応できていない現状を把握した上で、ニーズに即応できる地域の福祉サービスの包括的な提供の仕組み、総合的な福祉人材の育成などの方向性が示された。重要な点は、「全世代・全対象型の地域包括支援体制」の構築を目指したことである。

　2017年に「地域包括ケアシステムの強化のための介護保険法等の一部を改正する法律」により社会福祉法を改正している。12月には、「社会福祉法に基づく市町村における包括的な支援体制の整備に関する指針」（厚生労働省 2017）が公表され、住民に身近な圏域、市町村域、都道府県域の3領域

で取り組むべきことがあげられた。この中で、市町村域には「多機関の協働による包括的な相談支援体制の構築」を示して、「複合的で複雑な課題等の解決のため、支援関係機関が支援チームを編成し、協働して支援」すること、および「中核を担う機能が必要」としている。

さらに、2019年の「地域共生社会推進検討会最終とりまとめ」では、地域共生社会実現のための方法が示され、伴走型支援が対人援助のアプローチとして位置付けられた（厚生労働省 2019）。

以上のように、制度を利用できずに複合的ニーズを抱える人々に対する支援として、地域共生社会の実現を旗印に、地域力の強化や包括的相談支援体制の構築を図ることで、政策的にこの課題を解決しようとしている。


## 第3節　社会的排除と「制度の狭間」問題

### 1. 社会的排除とは何か

社会福祉の歴史を辿ると、貧困問題が原点にある。それはわが国に限らず、世界的に共通する問題である。貧困問題を解消するために、多くの国で公的扶助制度や社会保険制度が設定されてきている。

しかし、現代社会では単に貧困という側面だけでは捉えきれない社会的諸問題が生じており、それらを包括的に示す言葉として、社会的排除が広く用いられるようになっている。わが国では、格差の拡大、貧困問題、引きこもり等、さまざまな福祉問題が生じている。これらに共通する社会的課題が社会的排除である。

社会的排除の意味を明確に定義することは難しいとされるが、岩田正美は英国での定義に拠りながら、「あれこれの社会問題と関連した不利の複合性、それらを生み出すリスク、中心社会からの距離」（岩田 2008: 21）と述べている。社会的排除が、複合的不利や社会参加の欠如という特性を持つことを示した表現である。

社会参加の欠如とは、社会的排除が他者との関係の量や質に言及している

ことを意味する。その意味で従来の貧困が生活に必要な資源の不足という面から捉えられていた点と異なる。わが国では、「無縁社会」という言葉があるが、この意味に近い。

　複合的不利とは、自らの障害であったり、家庭の問題であったり、学校や職場の関係、失業等々、それらが複層的に絡まっていることである。加えて、それらは成長の過程で積み重なっていることが多く、時間軸でも把握しなければならない。つまり、複合的不利というのは、個別的でもあり、プロセスでもある。

　さらに、社会的排除の捉え方に、岩田は次の2点を加える（岩田 2008: 28-32）。一つは、「空間的排除」である。これは、排除された人々がある特定の場所に集められる状態を意味する。もう一つが、「福祉国家の制度との関係」である。福祉国家と称する国々では、社会保障制度を整備することで、貧困に陥ることを防いできた。しかし、今日ではこれらの諸制度に限界があることが明らかになった。それらは、第1に特定集団の制度からの排除、第2に制度がもつ排除的性質である。特に、後者は、制度自体が意図的に特定の人々を排除することを意味する。たとえば、寄せ場、ハンセン病の療養所、障害者のコロニーなどである。このように、社会的排除の要因として福祉国家の制度の限界が挙げられる。これは、「制度の狭間」問題として論じられている。

## 2. 「制度の狭間」問題の論点

　「制度の狭間」問題に関する論文を検討すると、具体的な実践領域を据えて論じるものが多いが、ここでは制度そのものの特性を踏まえてこの問題を論じる研究を取り上げる。

　猪飼周平は「制度の狭間」問題を岡村重夫がいう「社会関係の二重構造」から検討する。岡村は「社会福祉の固有性」を制度のあいだの総合的支援と捉えたが、猪飼はそれを批判的に考察した上で、岡村理論の貢献は、「『社会制度』が個人の生活を支援する面があるが、個人の生活を統合するうえでは解決されるべき課題を生み出す」ということの発見にあると述べた（猪

飼　2015: 31）。

　つまり、岡村は社会制度という一般的な仕組みには、必ずその枠に入らない人びとが生じることを想定していたのである。そのために、あいだを捉えた総合的、包括的視点をもつ支援として、社会福祉の実践、ソーシャルワークを位置づけたと考えられる。

　今日、岡村の想定した状況が問題として顕在化した背景には、社会的排除の概念の登場にある。これまでの社会保障制度などは「貧困」を軸にした保障であるが、それだけでは対応できない「複雑なニーズ」をもつ人びとが表面化したのである。

　一方、平野方紹はマクロだけで捉えるのではなく、「機関・組織の運営」というメゾ、現場での実践としてのミクロの問題でもあるという（平野　2015）。「制度の枠組み」、「機関・組織の運営方針」、「援助者の姿勢・視野」という3つの要素の相互作用の中で「制度の狭間」問題が生成するという。

　制度的側面からは、問題が発生するメカニズムを「制度の境界」から論じている。一つには、現実の社会には潜在的な問題が多くあるが、それらの中で可視化された問題しか、人々が把握できないことである。もう一つは、政策主体が対応できる問題が限定的であるという「制度の限定性」の問題である。この問題は、社会福祉制度に限ったことではなく、制度が必然的にもつメカニズムとされる。「制度の一般性・限定性は制度の性質上避けられない」のである（平野　2015: 22）。

　平野は、制度の問題を解消するために、実践レベルでの方法に工夫する必要があるという。そこで「連携」のあり方を検討し、問題／ニーズに応じたチームアプローチを論じる。さらに、制度の限界の中で、利用者主体という視点という立場からの支援の重要性を指摘する。また、社会的企業やNPOなどの活動プロセスが制度の狭間を埋めるために参考になるとも述べている。

　ソーシャルワーク領域からの「制度の狭間」問題への提言として、平塚らの研究がある。複数のニーズをもつ利用者にとって必要なサービスは福祉領

域に限らない。特に近年では、医療・保健領域サービスとあわせての利用が増加している。そこでこれらの諸制度の境界から生じる生活困難について取り上げたのが、この研究である。

「制度の狭間」問題を単に制度の欠陥から捉えるのではなく、「生活ニーズをもつ人びとが保健、医療、福祉および他の関連する援助を有効適切に利用できない状況が創出される状態で、社会関係の喪失の様態をさす」と定義する（平塚ら 2005: 460）。平塚らの研究の根底にあるのは、エゴロジカル視点からのソーシャルワークであり、基本的に利用者と取り巻く環境との交互作用から問題を捉えている。

以上の3つの研究に基づいて考察すると、次の課題が浮かび上がる。まずは、猪飼や平野が述べるように、制度そのものが必然的に問題を発生させるという点である。それに対しては、その根拠を明らかにする必要がある。第2に、制度が問題を生み出すのであれば、その間隙を埋めるものは実践であるが、その方法はいかにあるのかという点である。

## 第4節　地域共生社会の実現と伴走型支援

### 1. 地域共生社会の実現における対人支援アプローチ

2019年「地域共生社会推進検討会最終とりまとめ」（以下「最終とりまとめ」とする）では、地域共生社会実現のための具体的方法が提示された（厚生労働省 2019）。ここでは、その提言から基本的枠組みを読み取っていきたい。

「最終とりまとめ」では、「対人支援において今後求められるアプローチ」として2つのアプローチをあげる。一つは、「具体的な課題解決を目指すアプローチ」であり、「それぞれの属性や課題に対応するための支援（現金・現物給付）を重視する」方法である。他の一つは「つながり続けることを目指すアプローチ」で、「暮し全体と人生の時間軸をとらえ、本人と支援者が継続的につながり関わるための相談支援（手続的給付）を重視」するもので

ある。これら2つは本人の意向、取り巻く状況にあわせて、組み合わせて用いられる。

これらのアプローチの根底には「本人を中心として伴走する意識」が位置づけられる。つまり、地域共生社会実現のための支援方法として「伴走型支援」が重視されているのである。

伴走型支援は専門職によって担われ、その役割の一つは、複合的な問題を抱える一人ひとりが、自らの力を回復し、自律的に生きられるように支援することである。そして、支援者と当事者との関係は、支援過程の中で出会い、互いに学ぶことで変化するものとされる。

さらに、伴走型支援は、「地域住民との気にかけあう関係性」と相乗して、地域社会のセーフティネットを構築する機能も担う。専門職だけの伴走的支援ではなく、専門職は地域住民の多様な関係づくりを側面から支援していく。そこに、福祉の実践が地域に開かれ、地域でのセーフティネットが構築されていくと見なされる。このような地域社会実現のためには、環境整備が不可欠であり、具体的な枠組み構築が市町村に求められている。

## 2. 市町村による包括的支援体制の整備

上述の対人支援アプローチを実践するために、市町村には新たな整備事業として、①断らない相談支援、②参加支援（つながりや参加の支援）、③地域づくりに向けた支援、という3つの事業が示された。

①断らない相談支援

これは、「受け止める機能」、「多機関協働の中核の機能」、「継続的につながる機能」という3つの機能を含む。「相談を受け止める機能」とは、相談を受けた機関が自ら対応するか、または関係機関をつなぐ機能のことである。

②参加支援

制度を利用できない状態にある人の多くは、社会的に排除された立場にある。断らない相談支援を通して、これらの人びとの社会的関係を築く支援が求められる。断らない相談支援と並行的に実施される。

③地域づくりに向けた支援

　社会的に排除された人々にとって、住みやすい地域社会であるためには、地域住民主体の地域活動づくりや環境整備が必要になる。ここでは、福祉等の専門職は一歩引きさがって、側面的に支援し、地域づくりを応援するコーディネート役を担う。

## 3. 伴走型支援の概要

### 1）　伴走型支援と社会的排除

　地域共生社会実現のための方法として伴走型支援が位置づけられた。しかし、それがどのような支援なのかについて「最終とりまとめ」には具体的な説明がされていない。そこで、伴走型支援のモデルとなったと思われる福岡での取り組みについての文献を参考にして、具体的な方法について検討したい（奥田他　2014）。

　奥田知志らは、生活困窮にある人々に対する支援を実践する中で、これらの人々が経済的困窮だけでなく、社会的に排除されてもいるという認識を前提に、伴走型支援に取り組んだ。伴走とは、「人は伴走する他者を通じて自己を認識することが可能である」（奥田他　2014: 5）という基本的な考えから生まれた言葉である。

### 2）　個人に対する伴走型支援の仕組み

　伴走型支援の仕組みには、個人に対する支援と社会に対する支援の2方向への働きかけがある。個人に対する支援では、2つの使命が支援者に課せられる。一つは、支援者が「ともかく共にいること」である。支援の知識と技術をもつ専門職が共にあり、その支援者を介して当事者は社会と結ばれる。共にいる支援者は常に同一人物ということではない。しかし、常に誰かが共にいるのである。

　他の一つは、「持続性のあるコーディネート」である。常に共にいることは、支援者の役割であるコーディネートが持続しなければならない。コーディネートの基本はつなぐことである。当事者のニーズに応じて、適切な受け皿につなぐ必要がある。しかし、それは「投げ渡し」ではなく、その受け

皿と合わない場合には、「もどし」を行って、より適切な受け皿につないでいく。

「持続性」ということは、当事者の人生という時間軸で関わることをいう。したがって、単に問題解決だけを目的とした短期的支援ではなく、総合的で段階的な支援が求められる。同一の支援者が継続して関わることは難しいため、一つのつながりを拡大していくことで、常に誰かが共にいる支援へと導くのである。

伴走型支援事業所は、直接的サービスを提供する「受け皿」であることを避けて、「ワンストップサービス」としての一元的窓口の役割を担う。サービス提供者が縦割りであったとしても、コーディネートが一元化していることで、当事者の複合的ニーズに応えることができる。

3）　社会に対する伴走型支援の働きかけ

社会に対する伴走型支援の働きかけが必要な理由は、社会が生活困窮者を生まないようにすること、また困窮状態を脱するための社会資源を創造することであり、社会自体が自己変革できるように促していく。

以上のように伴走型支援の方法について概説した。これらの内容はソーシャルワークがこれまで蓄積してきた知識やスキルと重なっている。しかし、これらを「共にいること」と「持続性」をキー概念として新たな捉え直しを行った実践ということもできる。

## 第5節　ロゴス的論理とレンマ的論理

### 1.　つなぐことの根底にある論理

地域共生社会実現のための支援として、伴走型支援が重視されている。この支援の基本は「共にいること」および「継続性のあるコーディネート」にある。これらには、当事者と支援者との関係、当事者と利用する事業所との関係、支援者と事業所の関係などを軸にしたつながりが中心にある。つまり、支援者には、「つなぐこと」や「つながること」が重要な役割になる。

　筆者はソーシャルワーク実践における「つなぐこと」の意義をレンマ的論理の視点から論じた（狭間 2016）。さらに、連携についてもレンマ的論理を基盤にして検討した（狭間 2019）。これらの研究は、わが国でのソーシャルワーク実践で重要視されている「連携」「仲介」「ネットワーキング」などの「つなぐこと」の根底には、近代科学の基礎にあるロゴス的論理とは異なるレンマ的論理が働いていることを示したものである。伴走型支援についても、レンマ的論理から捉え直すことで、この支援方法の意義を明らかにすることができる。

## 2.　ロゴス的論理とは何か

　ロゴス的論理というのは、論理的思考の根底をなす基本的形式である。西洋哲学では、複雑な事象を理解するために論理学を発展させてきた。この原型を築いたアリストテレスは、プラトンの推理形式の分析やユークリッド幾何学などを土台にして、論理学の最初の体系化である三段論法を編み出した。これがその後の演繹的論理学（伝統的形式論理学）として展開していくのである。

　この伝統的形式論理学には、思考の根本原理といわれる3つの原理がある（大貫他 2015: 5-9）。第1は「同一の原理（同一律）」である。これは「AはAである」という判断形式であり、「肯定判断の基本原理」とされる。思考の首尾一貫性を表しており、思考の対象が同一の物であることを意味する。

　第2の原理は「矛盾の原理（矛盾律）」である。これは「Aは非Aでない」という判断形式であり、「否定判断の基本原理」とされる。「同一律」とは表裏一体の関係であり、「AがAであることは、Aは非Aではない」ということを意味する。AがAであると同時に、AがAでないものではないということである。

　第3の原理は「排中の原理（排中律）」である。これは「AはBであるか、Bでないかのいずれかである」という判断形式である。同一律と矛盾律が成立することから、導き出される。つまり、この原理では、いずれにも属さないものはないということになり、まさに中間を排する考え方である。

　これらの原理が意味することは、私たちが周囲の事物をＡと非Ａという矛盾し合う2つに区分すると、あるものはそのいずれかに含まれるということになる。筋道を立てて、論理的に思考することは、これらの3つの原理を踏まえてなされることを形式論理学は示している。

　このように、形式論理学は事物の区分を導くが、区分するにはあるものＡが何かということの共通理解が必要になる。つまり、Ａの概念の明確化が必要である。概念には内包と外延がある。内包とは概念の意味内容のことであり、外延とは概念の範囲である。明確な定義と範囲があれば、さまざまな事物を区分することができる。このような区分を特徴とするロゴス的論理が近代科学の合理的思考の土台にある。たとえば、私たちが学んできた生物学は「分類」によって体系化され、細かく下位概念へ分類される。これによってある生物がどこに属すかが明らかにされる。

### 3.　レンマ的論理とは何か

　ロゴス的論理に対比させてレンマ的論理を論じたのは、山内得立である。山内は、西洋哲学の根本に位置するロゴス的論理がＡと非Ａのあいだを認めない排中律に対して、あいだを認める「レンマ的論理」を提起した（山内 1974）。

　この考え方の根底には、テトラレンマという4つの直観的把握がある。それは、①Ａ（肯定）、②Ā（否定）、③Ａでもなく、Āでもない（肯定でも、否定でもない）、④Ａでもあり、Āでもある（肯定でもあり、否定でもある）、という4つである。

　Ａ（肯定）とĀ（否定）は、ロゴス的論理では同時に成立しない。しかし、③で肯定も否定も否定するという絶対否定を位置づけることで、ロゴス的論理では排されるあいだを認めることができる。ＡとĀを共に否定することで、〈肯定―否定〉の対立そのものを否定するのである（木岡 2014: 28）。

　絶対否定は「無自性」の概念で説明され、山内は「火と薪」の例を挙げている。火と薪は同一の物ではないが、別個の物かというとそうでもない。火

は薪があってこそ燃えるのであり、薪は火があって燃えるのである。このような両者の関係は「相依相待」と概念化され、「互いに他を待って、他に拠って、自己の存在を表すこと」（木岡 2014: 31）を意味する。自と他は互いを待って、自らを照らし出すのである。

　これは、人と人との関係で考えると「縁の論理」へと導く。縁とは、関係という意味であるが、ロゴス的論理でいうＡとＢがおのおのに独自性をもって分けられた上での関係ではない。レンマ的論理では、ＡもＢもそれ自体では本質を持たず、それぞれが互いに他を待って自己の存在を表すと理解される。それが「無自性」の意味である。

　つなぐことの根底に「縁の論理」を位置づけて新たな視座から伴走型支援を捉えると、「制度の狭間」問題を解消するための、支援方法としての意味が立ち現れる。

## 第6節　伴走型支援と縁の論理

### 1. 制度の限界とロゴス的論理

　上述のように、猪飼は岡村理論の本質的貢献を「社会制度が一般的に個人の生活を支援するが、個人の生活の統合という点では課題を生じる存在であることの発見」であるという。また、別の箇所では「制度的支援によっては支援し得ない機能領域が、ソーシャルワークが担うべき領域である」（猪飼 2015: 32）と述べている。つまり、岡村理論の貢献は、制度には限界があること、それを補う役割をソーシャルワークが担っていることの2点を明示したことにある。換言すると、制度には、本質的に制度からの抜け落ちがあることを岡村は前提にしており、そこにソーシャルワークの必要性を説いたといえる。

　この論点を別な視座から捉え直すと、制度はロゴス的論理で支配されるということができる。筆者は、これまでロゴス的論理とそれに対比されるレンマ的論理の考え方を援用して、ソーシャルワークが抱える課題について取り

上げてきた（狭間 2016、2017、2019）。

　社会保障制度は、区分化された法制の枠組みによって決定され、細分化された行政機関によって運用されている。この形態は、合理性や機能性を有する。つまり、ロゴス的論理で運用されているのである。したがって、制度そのものや、その運用を担う行政機関から閉ざされる人々が生じるのは、必然的といえる。制度の区分化から生じる限定性は、制度のもつ本来的性質と言わざるを得ない。

## 2. 連携と「縁の論理」

　「制度の狭間」問題を解消するための対人援助のアプローチとして伴走型支援が位置づけられている。制度があいだを閉ざすことから生じる問題を解消するためには、制度を改変するか、新たに制度を作ることが必要である。これはロゴス的論理で運営される制度が、ロゴス的論理で解決するための方法であり、ソーシャルアクションなどの活動が当てはまる。

　一方、伴走型支援というのはロゴス的論理で解決する方法ではない。ロゴス的論理には「区分、分類」という性質があるのに対し、伴走型支援は「総合性や包括性」を内包しており、それは区分の対極にある。つまり、ここで働く論理はロゴス的論理ではなく、レンマ的論理と見なすことができる。

　筆者はレンマ的論理と「縁の論理」に依拠して、わが国のソーシャルワーク実践における連携について論じ、次の点を指摘した（狭間 2019: 17-24）。連携に関する欧米の研究では、「行為・活動のプロセス」に着目して、具体的な行為や活動、それらの連続性などのプロセスを重視する。しかし、わが国の研究は、欧米とは異なり、プロセスや具体的な行為よりも協力などの関係性が優先されると論じている。わが国では相互促進的な協力関係を前提にして連携が進められるのである。

　これは、わが国では連携づくりの根底に「縁の論理」が働くことを意味している。連携を担う各機関がおのおのの独自性、専門性をいったん無にして、互いに照らし合うことで、逆におのおのの専門性の活きる連携関係が構築されるのである。連携についての合理的で目的的な判断や行為に先立つも

のが「関係づくり」なのである。

## 3. 伴走型支援の思想と「縁の論理」

### 1) 「共にいる」思想

　伴走型支援では、地域のさまざまな受け皿となる機関等と連携することが重要な概念であるが、その前提に「共にいる」と表現される当事者と支援者との支援関係がある。ソーシャルワークでは従来から、援助関係という言葉で「クライエント－ワーカー関係」を論じている。「共にいる」ことは、これまでの援助関係と違いがあるのだろうか。この点について、伴走型支援の思想に基づき検討する。

　伴走型支援では、働きかけの対象を個人と社会の2つに分けて、おのおのに関しての支援方法を述べている。この方法は、ソーシャルワークにおけるエコロジカル視点でも同様である。しかし、異なる点は支援者の立ち位置である。エコロジカル視点では、個人と環境（社会）との関係を適応的関係と捉え、その関係をより良好な状態になるように支援する。したがって、ワーカーは、個人と環境のそれぞれに働きかけて、両者の適応関係をより良い状態に持っていくのである。ここでのワーカーの立ち位置は、客観的な位置にある。

　一方で伴走型支援では、支援者が「共にいる」ことが基本にある。「共にいる」ことは、第三者的な立ち位置から当事者と社会環境に働きかけることではない。その点について、伴走型支援がいう思想を「縁の論理」を援用して考察していきたい。

### 2) 縁を結ぶ機能

　伴走型支援は、①縁を結ぶ機能、②他者性、③対等な関係の3つの側面から語られる。かつてはわが国の縁を支えていた「血縁・地縁・社縁」は脆弱化しており、「無縁社会」などの言葉がマスコミで用いられる。伴走型支援は、それらを補強するために、「理由がなくても縁を結ぶことができる仕組みづくり」（奥田他 2014: 44）を目指す。支援者は縁を結ぶ役割を担うのである。

　「日本は縁で熔接されている」といったのは、オギュスタン・ベルク（ベルク＝宮原 1994: 253）である。この言葉通り、「縁」の思想はわが国の生活文化の中に意識せずに組み込まれている。たとえば、近頃はあまり見なくなったが、縁側は、かつてはどの家にも見られた。縁側の役割は、座敷につながるとともに、外側につながっている。家の内にあると同時に、外にもある。つまり、どちらにも属さないと同時に、どちらにも属すのである。この縁側の役割が、「縁を結ぶ」という意味である。

　伴走型支援の支援者は、当事者側にも社会側に属さないとともに、どちらにも属すという立場で、両者を結ぶ役割を担う。単に当事者と社会をつなぐというのではなく、二者のあいだにあって、あいだを開くのである。なぜなら、「通常の関係概念には二者の中間がないのに対して、〈縁〉には中間として〈あいだ〉が開かれている」（木岡 2017: 257）からである。

　3）　他者性

　伴走型支援では他者性が重視される。支援者は当事者にとって縁もゆかりもない他者である。しかし、他者がいなければ人は自らを認識できず、そこに他者が必要となる。自己認識とは自己を深く分析していくことにではなく、他者との出会いによって生じる。他者との出会いや関係を通して、自らを知る。つまり、他者によって自らが照らし出されるのである。社会的に孤立している人々にとっては、他者の存在が不可欠である。自己が独立した個であるという見方に立てば、このような他者性を認めることはできないが、レンマ的論理にある「無自性」の見方に立てば、「相依相待」の関係が成り立つのである。

　4）　対等な関係

　伴走型支援の当事者と支援者は対等な関係にある。この対等性について「縁の論理」から読み解くと、二者の主体性は「関係の主体化」という概念で説明できる。「縁の論理」がいう「無自性」は、個の主体を否定する訳ではない。なぜなら、「相依相待」は単なる相互依存関係ではなく、関係の中心に自己があるという「関係の主体化」を含むからである。「縁とは単なる相互依存的な存在を言うのではなく、その関係の中心に自己が位置する」

（木岡 2017: 262）のである。

　仏教思想では「自己を含む現実」や「自己の生の現実」に徹しきるという特性があり（三枝 2005: 85）、縁についても、常に自己と自己の現実に関わっており、第三者的に観察された関係ではない。自己の現実とは、自己の行為の発現であり、関係の中心に常に自己が位置するのである。このように、自己を中心に時間や空間の全体にわたる関係の拡がりが生じるが、その中心に自己があり、これが「関係の主体化」とされる（木岡 2017: 262）。

　「縁の論理」は「無自性」を基礎に置き、他者に依存すると考えがちであるが、そうではない。常に自己が現実の主体であり、それは二者がおのおのに関係の主体であることを意味する。この関係は対等であり、「縁の論理」は伴走型支援の対等性の根拠となる。


## 第7節　おわりに

　「制度の狭間」問題を解消する支援方法として挙げられた伴走型支援について、レンマ的論理から考察してきた。伴走型支援の思想には、個の主体を基礎とする欧米の思想とは異なる視座がある。それらをわが国の精神風土の根底にある「縁の論理」から読み解くことで、その意義について論じた。

　伴走型支援は制度を利用できない人々の支援において形成されたきたものであり、制度の枠外での実践であった。しかし、地域共生社会の実現のために、それが制度に組み込まれた時、本来保持していた特性が活かされないのではないかという不安が生じる。伴走型支援の考え方に沿った支援がなされることを願うものである。

**文献**

ベルク，A.（Berque, A.），宮原信訳，1994，『空間の日本文化』ちくま学芸文庫.

狭間香代子，2016，『ソーシャルワーク実践における社会資源の創出——つなぐことの論理』関西大学出版部.

狭間香代子，2019，「日本的ソーシャルワークと〈あいだ〉の論理」木岡伸夫編著『〈縁〉と〈出会い〉の空間へ　都市の風土学　12講』萌書房.

狭間香代子，2017，「ソーシャルワーク実践における知と論理」黒田研二・狭間香代子・
　　岡田忠克編著『現代社会の福祉実践』関西大学出版部.

平野方紹，2015，「支援の『狭間』をめぐる社会福祉の課題と論点」『社会福祉研究』122:
　　19-28.

平塚良子，2005，「保健医療福祉の狭間におかれる人々の生活困難についての研究」『社会
　　福祉教育年報』第 25 週: 459-470.

猪飼周平，2015，「『制度の狭間』から社会福祉学の焦点へ──岡村理論の再検討を突破口
　　として」『社会福祉研究』122: 29-37.

岩田正美，2008，『社会的排除　参加の欠如不確かな帰属』有斐閣.

木岡伸夫，2014，『〈あいだ〉を開く──レンマの地平』世界思想社.

木岡伸夫，2017，『邂逅の論理──〈縁〉の結ぶ世界へ』春秋社.

厚生労働省，2000，「社会的な援護を要する人々に対する社会福祉のあり方に関する検討
　　会　報告書」.
　　https://www.mhlw.go.jp/www1/shingi/s0012/s1208-2_16.html（参照日　2019 年 11
　　月 20 日）.

厚生労働省，2008，「地域における『新たな支え合い』を求めて──住民と行政の協働に
　　よる新しい福祉」
　　https://www.mhlw.go.jp/shingi/2008/03/s0331-7a.html（参照日　2019 年 10 月 12 日）.

厚生労働省，2017，「社会福祉法に基づく市町村における包括的支援体制の整備に関する
　　指針」.
　　http://wwwhourei.mhlw.go.jp/hourei/doc/hourei/H171213Q0020.pdf（参照日　2019
　　年 11 月 15 日）.

厚生労働省，2019，「地域共生社会に向けた包括的支援と多様な参加協働の推進に関する
　　検討会　最終とりまとめ（地域共生社会推進検討会）」
　　https://www.mhlw.go.jp/stf/shingi2/0000213332_00020.html（参照日　2020 年 1 月
　　25 日）

岡村重夫，1968，『全訂社会福祉学（総論）』柴田書店.

奥田知志・稲月正・垣田裕介・堤圭史郎，2014，『生活困窮者への伴走型支援──経済的
　　困窮と社会的孤立に対応するトータルサポート』明石書店.

大貫義久・白根裕里枝・菅沢龍文・中釜浩一，2015，『改訂版　論理学の初歩』梓出版社.

三枝充悳，2005，『三枝充悳著作集　第四巻　縁起の思想』法蔵館.

埋橋孝文，2018，『貧困と生活困窮者支援──ソーシャルワークの新展開』法律文化社.

山内得立，1974，『ロゴスとレンマ』岩波書店.

# おわりに

## ポスト・ソーシャル時代の福祉実践のあり方

福田　公教

　本書が企画としてもち上がってから現在までふりかえってみると、私にとっても社会にとっても、いろいろなことがあった。私事ではあるが、2019年度の秋学期には、学術研究員として、ニュージーランドのオークランド大学へ研修に行く機会を得た。里親支援の問題を中心に、さまざまな福祉実践について学び研究することができた。

　2020年の3月に日本に戻ったころには、すでに世界規模で新型コロナウイルス感染症の拡大が深刻な問題になっていた。私たちの人間健康学部においても、教育面だけでなく、さまざまな緊急の対応が必要となった。私がコーディネーターを務める社会福祉士養成の実習指導の授業など、福祉の授業のほとんどは zoom を利用した遠隔授業となった。教員も学生も、新しい状況への対応に追われた。実習指導の授業において、「オンライン授業における新しいガイドライン」を、学生と教員が協力して作成したりもした。また、例年のような実習の実施が不可能となり、日頃から本学がお世話になっている関係機関の協力を得て、「遠隔実習」という、昨年までは予想もできないような実習を実施している。

　このような状況は、まさに、本書が枠組みとする「ポスト・ソーシャル時代」と言いうるものではないかと感じている。対面を基本とした相談援助やソーシャルワークの方法が、必ずしも用いることができなくなっている。しかしながら、これまでの福祉実践の方法がまったく使えないというわけではない。既存の福祉の方法を工夫して修正しながら、新しい状況への対応は可能だと信じている。本書を一つの出発点として、ポスト・ソーシャル時代における福祉実践のあり方が今、問われている。

# 人間健康学部での教育・研究をふりかえって

狭間　香代子

　2010年に人間健康学部が新設され、文学部から移籍して10年以上が経過した。新学部に福祉のコースを作ることになり、関関同立の中で唯一福祉系学部のなかった関西大学に開設できたということで、期待をもって堺キャンパスに移った。

　文学部では、インターディパートメント・ヒューマンサイエンスコースに属していたが、これは学際的なコースであったため、研究領域である「ソーシャルワーク」をどのように教育に活かせるかと工夫も必要であった。しかし、本学部では明確に福祉を掲げ、社会福祉士受験資格も取得できることから、教育と研究を一致させて、研究内容を教育に応用することが可能になったのである。

　また、堺市との地域連携事業を通して、地域のソーシャルワーカーの人たちとの勉強会も継続でき、研究成果を実践へ活用したり、逆に実践からの学びも深めたりして、研究者として有意義な時間を持つことができた。研究生活の中で最も充実した時期を堺キャンパスで過ごせたと思う。

　最後になったが、退職に際して、本書を刊行して下さった諸先生にお礼を申し上げるとともに、人間健康学部のますますの隆盛を祈念して、まとめとしたい。

# 索　引

## 編者・執筆者紹介

〈編者〉

**黒田 研二**（くろだ けんじ）

はじめに（前半）

第1章　こころの病とリカバリー——回復を阻害するものの克服——


関西大学名誉教授、大阪府立大学名誉教授、西九州大学教授　医学博士

専門は社会医学、社会福祉学、公衆衛生学。精神疾患、難病、認知症をもつ人々や要介護
　高齢者の支援に関する研究を継続している。

【著書・業績】

『地域包括支援体制のいま——保健・医療・福祉が進める地域づくり』（編著）ミネルヴァ
　書房，2020年

『学生のための医療概論（第4版）』（共編著）医学書院，2020年

『高齢者福祉概説（第4版）』（共編著）明石書店，2014年　など



**狭間 香代子**（はざま かよこ）

第8章　「制度のあいだ」と伴走型支援

おわりに（後半）


関西大学人間健康学部教授　博士（学術）

専門はソーシャルワーク実践論、社会福祉学。ソーシャルワークにおける実践と理論との
　関係、支援における基本的視座としてのストレングス等についての研究。

【著書・業績】

『社会福祉の援助観——ストレングス視点・社会構成主義・エンパワメント』（単著）筒井
　書房，2001年

『ソーシャルワーク実践における社会資源の創出——つなぐことの論理』（単著）関西大学
　出版部，2016年

『〈縁〉と〈出会い〉の空間へ』（共著）萌書房，2019年　など

**福田 公教**（ふくだ きみのり）
おわりに（前半）

関西大学人間健康学部准教授
専門は社会福祉学、子ども家庭福祉論で、社会的養護の普及・啓発および社会的養護下に
　ある子どもの自立支援のあり方について研究を進めている。
【著書・業績】
『子どもを支える家庭養護のための里親ソーシャルワーク』（共編著）ミネルヴァ書房，
　2020 年
『社会的養護』（共編著）ミネルヴァ書房，2018 年
『児童家庭福祉（第 5 版）』（共編著）ミネルヴァ書房，2017 年　など


**西川 知亨**（にしかわ ともゆき）＊
はじめに（後半）
第 7 章　人間健康学としての社会生態学とソーシャルワーク教育

関西大学人間健康学部准教授　博士（文学）
専門は福祉社会学、社会的相互作用論、社会学史で、シカゴ学派社会学の再検討に基づく
　ソーシャルワークおよび家族福祉に関する研究を行っている。
【著書・業績】
『〈オトコの育児〉の社会学——家族をめぐる喜びととまどい』（共編著）ミネルヴァ書
　房，2016 年
『変化を生きながら変化を創る——新しい社会変動論への試み』（共著）法律文化社，2018
　年
『社会学と社会システム』（社会福祉士・精神保健福祉士養成講座）（共編著）中央法規出
　版，2021 年　など

＊……代表編集者

〈編者以外の執筆者〉

**弘原海 剛**（わだづみ つよし）
第2章　認知症予防の現状と今後の展望

関西大学人間健康学部教授　博士（学術）
専門は運動生理学、運動処方。
【著書・業績】
"Effects of a Single Ingestion of Trehalose during Prolonged Exercise."（共著）Sports
　2019, 7 (5); https://www.mdpi.com/2075-4663/7/5/100
"Detection of metabolic threshold using near-infrared spectroscopy on the incremental
　handgrip exercise."（共著）Japanese Jouurnal of Health, Fitness and Nurtrition, 18 (1),
　2013
「世帯構成別にみた女性高齢者の生きがいに関する研究」（共著）『健康運動科学』3 (1),
　2012年　など


**涌井 忠昭**（わくい ただあき）
第3章　福祉の視点からレクリエーションを考える

関西大学人間健康学部教授　博士（医学）
専門は応用健康科学、スポーツ科学で、現在はレクリエーション、特に福祉レクリエー
　ションについての研究および実践を行っている。
【著書・業績】
『よくわかる社会保障（第5版）』（共著）ミネルヴァ書房，2018年
『大学スポーツの新展開——日本版 NCAA 創設と関西からの挑戦』（共著）晃洋書房，
　2018年
『レクリエーション概論』（共著）ヘルス・システム研究所，2003年　など


**村川 治彦**（むらかわ はるひこ）
第4章　後期近代における『死にゆく過程』とスピリチュアルケアのあり方

関西大学人間健康学部教授　Ph.D.（Integral Studies）
専門は身体教育学、応用健康科学で、理論と実践の循環と体験の言語化を促す質的研究法

としての「一人称の科学」の基盤作りに取り組んでいる。

【著書・業績】

『身体の知——湯浅哲学の継承と展開』（共著）ビイング・ネット・プレス，2020 年

『22 世紀の荒川修作＋マドリン・ギンズ——天命反転する経験と身体』（共著）フィルム
　　アート社，2019 年

『ソマティック心理学への招待——身体と心のリベラルアーツを求めて』（共著）コスモ
　　ス・ライブラリー，2015 年　など


## 山縣 文治（やまがた ふみはる）

第 5 章　新しい社会的養育ビジョンの背景とその実現のための課題——代替養育のあり方
　　を中心に——


関西大学人間健康学部教授　博士（学術）

専門は子ども家庭福祉、社会福祉学。社会的養護、子育て支援、就学前保育・教育、夜間
　　保育などの領域で、研究や実践を継続。

【著書・業績】

『子ども家庭福祉論（第 2 版）』（共編著）ミネルヴァ書房，2018 年

「虐待死を無駄にしないために」（単著）『発達』157，2019 年

「社会的養護関係施設における親子への支援の実際」（単著）『家庭の法と裁判』23，2019
　　年　など


## 森 仁志（もり さとし）

第 6 章　子育ての文化間比較——アロマザリングを手がかりにして——


関西大学人間健康学部教授　博士（学術）

専門は文化人類学で、現在は家族の多様性について通文化的な比較研究を行っている。

【著書・業績】

『越境の野球史——日米スポーツ交流とハワイ日系二世』（単著）関西大学出版部，2018 年

『現代人にとって健康とはなにか——からだ、こころ、くらしを豊かに』（共著）書肆クラ
　　ルテ，2011 年

『境界の民族誌——多民族社会ハワイにおけるジャパニーズのエスニシティ』（単著）明石
　　書店，2008 年　など

## ポスト・ソーシャル時代の福祉実践

2021年 3 月 26 日　発行

編　者　　黒　田　研　二
　　　　　狭　間　香代子
　　　　　福　田　公　教
　　　　　西　川　知　亨

発行所　　関　西　大　学　出　版　部
　　　　　〒 564-8680　大阪府吹田市山手町 3-3-35
　　　　　電　話 06(6368)1121　FAX 06(6389)5162

印刷所　　協　和　印　刷　株　式　会　社
　　　　　〒 615-0052　京都市右京区西院清水町 13

ⓒ 2021　Kenji KURODA / Kayoko HAZAMA
Kiminori FUKUDA / Tomoyuki NISHIKAWA

Printed in Japan

編集協力：㈲せせらぎ出版
ISBN 978-4-87354-731-2　C3036